BLACK&DECKER®

COLECCIÓN BLACK & DECKER PARA EL ARREGLO DE LA CASA ^{MR}

Decoración del Hogar: Pinturas y Papel Tapiz

LIMUSA
GRUPO NORIEGA EDITORES

México • España • Venezuela • Argentina
Colombia • Puerto Rico

CONTENIDO

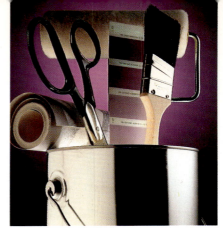

Introducción **5**

Decoración de habitaciones **6**

Preparación **33**

CY DECOSSE INCORPORATED
Chairman: Cy DeCosse
President: James B. Maus
Executive Vice President: William B. Jones

DECORATING WITH PAINT &
WALLCOVERING.
Created by: The Editors of Cy DeCosse
Incorporated, in cooperation with Black &
Decker. **BLACK&DECKER** is a trademark
of the Black & Decker Corporation, and is
used under license.

ISBN 0-86573-723-1 (versión en español
para U.S.A.)

Versión en español:
LUIS CARLOS EMERICH ZAZUETA

La presentación y disposición en conjunto de

DECORACIÓN DEL HOGAR
Pinturas y Papel Tapiz

son propiedad del editor. Ninguna parte de esta obra puede ser reproducida o transmitida, mediante ningún sistema o método, electrónico o mecánico (INCLUYENDO EL FOTOCOPIADO, la grabación o cualquier sistema de recuperación y almacenamiento de información), sin consentimiento por escrito del editor.

Derechos reservados:

© 1992, EDITORIAL LIMUSA, S.A. de C.V.
GRUPO NORIEGA EDITORES
Balderas 95, C.P. 06040, México, D.F.
Teléfono 521-50-98
Fax 512-29-03

Miembro de la Cámara Nacional de la Industria Editorial Mexicana. Registro número 121.

Primera edición: 1992
(7922)

Esta obra se terminó de imprimir en Septiembre de 1992 en los talleres de R.R. Donnelley & Sons Company Book Group 1145 Conwell Avenue Willard, Ohio, USA 44888-0002

La edición consta de 20,000 ejemplares más sobrantes para reposición

Introducción

El objetivo de esta colección es proporcionar a los lectores información útil y avanzada para efectuar por sí mismos los trabajos de mantenimiento y reparación en el hogar. De acuerdo con información obtenida en la industria de la remodelación, se sabe que un porcentaje muy importante de los propietarios de casas se encarga personalmente de una parte de su decoración de interiores. Este ejemplar le ofrece prácticos consejos para la decoración de la casa, por lo que es una obra siempre necesaria en cualquier biblioteca del hogar.

Durante la preparación de este libro se invitó a profesionales en decoración y diseño para compilar la información, ideas y sugerencias más útiles sobre decoración. Esta información se dividió en cuatro partes fáciles de poner en práctica.

La primera sección, ''Diseño de habitaciones'', comienza con una introducción al color que le servirá para hacer sus propias elecciones. Se decoró y fotografió 34 veces la misma habitación para ayudarle a apreciar las diferencias que puede haber con el color, textura y diseño en una misma habitación. Usted puede lograr cualquiera de los estilos de decoración de esta sección por el precio de un galón de pintura o de unos cuantos rollos de tapiz para muros.

Cuando haya tomado las decisiones sobre color y estilo, podrá continuar con la segunda sección, ''Preparación''.

Entre la información que usted encontrará aquí se incluyen los métodos y materiales más recientes para reparar aplanados y paredes de yeso prefabricadas y resanar muros y acabados de madera. En la última parte de esta sección se explica cuándo y cómo usar bases y selladores para lograr con seguridad los mejores resultados al pintar.

La tercera sección, ''Pintura'', le indica cómo calcular la cantidad necesaria de pintura que se deberá comprar, cómo elegir el tipo adecuado de pintura y cómo elegir, usar y almacenar las herramientas apropiadas para pintar y obtener los mejores resultados. En esta sección se incluyen también consejos sobre seguridad al efectuar el trabajo de pintura, cómo limpiar con el mínimo esfuerzo el área de trabajo al terminar la labor de remodelación y cómo utilizar con seguridad los materiales de pintura.

''Tapicería de muros'', la última sección, es un seminario sobre técnicas de colocación de tapices en muros. Además de las sugerencias generales sobre procedimientos de tapicería, se muestra cómo colocar el tapiz sobre techos, alrededor de obstáculos como radiadores y tuberías y cómo tapizar ventanas y arcos.

Este libro contiene más de 380 fotografías en color para ilustrar claramente los procedimientos paso por paso y es, además, una referencia de decoración que usted usará año con año.

Decoración de habitaciones

Dimensiones del color

Claro

Valor

Oscuro

Cromo

Neutro

Atenuado

Brillante

Cálido ◀————— Temperatura del color —————▶ Frío

Conceptos básicos del color

Un nuevo esquema de color puede cambiar drásticamente el ambiente de una habitación o de toda una casa. Incluso sin necesidad de adquirir costosos muebles o alfombras, una nueva inyección de color puede transformar el cuarto más ordinario en un atractivo espacio para vivir.

Ya que la selección del color es algo muy personal, el plan de decoración se debe iniciar con los colores que usted disfruta más, como aquellos que prefiere en su ropa, muebles y objetos artísticos. Busque ideas en revistas.

Curiosee en los centros de decoración en busca de colores de pintura, tapices y telas para muros. Vea las muestras de pintura y tapices en su propia casa y haga la prueba de las veinticuatro horas (página 31); el color puede verse bastante diferente, dependiendo de las condiciones de iluminación y del entorno.

Los colores pueden ser oscuros o claros, cálidos o fríos, brillantes o apagados. El esquema de color establece la atmósfera de una habitación, por tanto, debe elegir colores que creen la sensación que usted desea.

Glosario de términos de color

Color acentuado: Un color contrastante utilizado para agregar interés visual a un esquema de color.

Colores cálidos: Rojos, anaranjados, amarillos y cafés.

Colores complementarios: Dos colores directamente opuestos entre sí en el círculo cromático.

Colores contrastantes: Colores separados por cuando menos otros tres colores entre ellos en el círculo cromático.

Colores fríos: Azules, verdes, morados.

Colores neutros: Variaciones sutiles de blancos, grises y beiges.

Colores no saturados: Tonos atenuados, colores menos vivos al añadir blanco, negro o un color complementario.

Colores primarios: Rojo, amarillo y azul.

Colores relacionados: Dos colores vecinos en el círculo cromático.

Colores saturados: Colores brillantes, colores intensos que no están diluidos con negro, blanco o un color complementario.

Colores secundarios: Anaranjado, verde y morado; colores formados mediante la mezcla de dos colores primarios.

Cromo: Un color.

Esquema de color: Grupo de colores que se usan juntos para crear un ambiente o sensación.

Esquema de colores complementarios: Uso de colores complementarios en un plano de decoración.

Esquema de colores relacionados: Uso de colores relacionados en un plan de decoración.

Esquema de un solo color: Uso de sombras variables de un solo matiz en un plan de decoración.

Sombra: Una variación de color más oscuro, creada al añadir negro o gris.

Tinte: Una variación de color más claro, creado al añadir blanco.

Valor: Escala de luminosidad u oscuridad de un color.

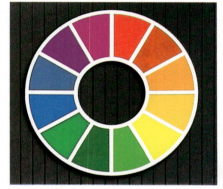

El círculo cromático muestra cómo se relacionan entre sí los colores. El rojo, el amarillo y el azul son los colores primarios. El anaranjado, el verde y el morado son los colores secundarios y se obtienen con la combinación de dos colores primarios. Todos los colores son producto de alguna combinación de blanco, negro y colores primarios.

Los colores relacionados son los que colindan entre sí en el círculo cromático. A menudo, los diseñadores hacen esquemas de color basándose en dos o tres colores relacionados.

Los colores complementarios están situados en extremos opuestos en el círculo cromático. Por ejemplo, el azul es complementario del anaranjado. Los colores complementarios se intensifican entre sí en los esquemas de decoración.

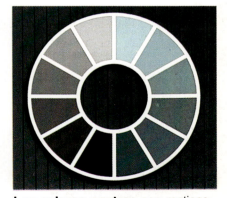

Los colores neutros son matices de blanco, gris o beige. La mayoría de los neutros se tiñen ligeramente con un color cálido o frío. Los muros de colores neutros crean un fondo que no compite con los muebles y accesorios.

Colores claros

Los colores claros crean espacios brillantes y amplios. Para el ojo, los colores claros parecen alejarse y hacer que las habitaciones parezcan más grandes y los techos más altos. Puesto que los colores claros reflejan la mayor parte de la luz, pueden hacer que parezca más iluminado un cuarto que esté orientado al norte, o un armario o un vestíbulo oscuro.

Los blancos y otros colores claros son buenas opciones para las recámaras de los niños. En cualquier cuarto, las paredes blancas constituyen un fondo neutro que no compite con los colores de los muebles.

El tirol en los muros o el lustre de la pintura pueden modificar la luminosidad de cualquier color. Las superficies tersas y las pinturas lustrosas reflejan el máximo de luz y hacen que un color parezca más claro. Las paredes de texturas ásperas y las pinturas mate retienen más la sombra y reducen al mínimo la claridad del color.

Los colores claros reflejan la luz, lo cual hace que las habitaciones parezcan más grandes y más abiertas. En estas habitaciones, los colores claros de los muebles se mezclan con los de los muros para aumentar la sensación de libertad. Use colores claros para muros en cuartos pequeños o en habitaciones con escasa luz natural. Los colores claros ayudan a resplandecer los cuartos para niños.

Colores oscuros

Use colores oscuros para crear un ambiente íntimo. Ya que los colores oscuros absorben luz, las paredes parecen estar más próximas y dan la impresión de que la habitación es más pequeña.
Los colores oscuros se utilizan con mayor frecuencia en bibliotecas, estudios y otras áreas tranquilas.

Los colores más oscuros se pueden usar para disimular áreas que presentan problemas, como paredes disparejas, o para hacer que un techo muy alto parezca más bajo. En áreas de uso intenso, ayudan a ocultar el desgaste. Las superficies ásperas y los acabados mate de pintura hacen que los colores se vean más oscuros, ya que absorben más luz.

Las paredes oscuras tienden a predominar, por tanto, usted puede decidirse a usar matices de color más claros para dar equilibrio a una habitación.

Los colores oscuros absorben la luz y hacen que una habitación parezca más tranquila e íntima. Son propios para una biblioteca, rincón o estudio. Los muros de colores oscuros en estas habitaciones destacan el mobiliario en colores claros. Los muebles de colores más oscuros se integran a este tipo de cuarto, creando una atmósfera más pesada.

Colores cálidos

Los rojos, amarillos, cafés, anaranjados y duraznos son colores cálidos. Los colores cálidos intensos crean espacios estimulantes, mientras que los cálidos atenuados hacen habitaciones más agradables para reuniones sociales. Los colores cálidos se usan con frecuencia en áreas de comedor, como desayunadores y comedores.

Los colores cálidos ayudan a hacer más atractivas las habitaciones que dan hacia el norte. De acuerdo con investigaciones hechas, se ha demostrado que las personas verdaderamente se sienten más cómodas en un cuarto pintado con amarillos, rojos o anaranjados, que en las habitaciones de blanco o azul. En los climas fríos, los colores cálidos son los preferidos.

Los colores cálidos van desde los amarillos, rojos y anaranjados intensos hasta los salmones y cafés más sutiles. Los colores cálidos son opciones comunes para habitaciones que se usan durante las mañanas, o para espacios nocturnos de gran actividad. En climas fríos, los colores cálidos pueden hacer parecer más acogedoras y atractivas las habitaciones.

Colores fríos

Los azules, verdes, lavanda y grises son colores fríos. Los colores fríos intensos son frescos y emocionantes, mientras que los grises fríos tenues son tranquilos. Los colores fríos hacen que las habitaciones se sientan menos encerradas. Se usan por lo general en baños y otros cuartos pequeños.

Use colores fríos en cocinas que dan al poniente, en pórticos y otras áreas donde el sol de mediodía es intenso. En climas muy cálidos, el uso de blancos y colores fríos exclusivamente, puede hacer que toda una casa parezca más cómoda.

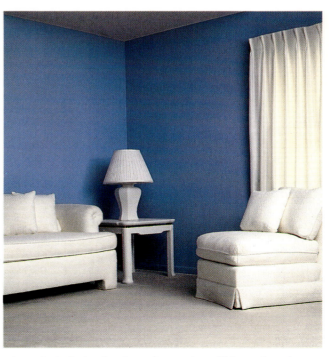

Los colores fríos van desde el violeta brillante, el azul rey y el verde jade hasta el verde menta pálido y el azul índigo intenso. Los colores fríos se usan frecuentemente en recámaras y áreas formales de estancias y comedores. Los cuartos de baño, vestidores y otros espacios pequeños se sienten menos encerrados cuando se decoran con colores fríos.

Colores brillantes

Los colores brillantes tienen una alta saturación de pigmento. No están diluidos con blanco ni oscurecidos con negro. Estos colores son propios para espacios de gran actividad, como en salas de juego, pórticos soleados y cuarto de niños.

Puesto que los colores brillantes llaman mucho la atención, por lo general se usan para acentuar en habitaciones con combinaciones de colores neutros o atenuados.

Los colores brillantes son estimulantes. Funcionan bien en espacios de actividad intensa e informales. Asimismo, en cuartos con poca luz natural, como en una sala de juegos localizada en un sótano, por ejemplo.

L-122
S-123

27 TH 13

27 TH 15 CATALINA (W)
T-12
T-133

27 TH 16 ROBE BLUE (M)

(W)

7 TH 17 LIMPID (M)

(W)

NG (W)

BLUE NIGHTS (D)
L-122

RPRISE (M)

S-131
L-130

15 TH 6 LUSTY YELLOW (D)
05-S
L-36

Colores atenuados

Los colores atenuados están menos saturados de pigmento que los colores brillantes. Están mezclados con blanco, negro o gris. Son relajantes e inclinan al reposo, por eso normalmente se emplean en estudios y recámaras. Los colores atenuados crean un fondo suave en cuartos de baño y de vestir.

Usted puede aumentar el interés visual de un cuarto en colores atenuados al incluir algunos acentos en colores brillantes.

Los colores atenuados son tranquilizantes. Úselos para crear una sensación de reposo en recámaras y otros rincones de descanso.

Creación de ambientes con color

Cada color o combinación de colores provoca un ambiente o sensación distinta. El color debe atraer a las personas que usan la habitación. Las combinaciones que usted puede hacer son ilimitadas.

Para una entrada o vestíbulo, considere una combinación de colores fuertes que produzcan cierta impresión al entrar en su casa. Para una recámara de huéspedes, puede elegir colores oscuros clásicos para crear una sensación de elegancia formal. En la recámara de un adolescente, sería apropiada una mezcla viva de colores brillantes. En una recámara matrimonial se puede lograr mayor comodidad con una combinación apacible de colores atenuados.

En una biblioteca o estudio que use toda la familia, se pueden usar colores suaves relacionados para crear una atmósfera tranquilizante. Los tonos naturales como los cafés y beiges son una buena elección para bibliotecas y salas familiares.

El esquema de **colores fuertes** de esta habitación se creó mediante el alto contraste entre blancos y negros y entre los complementarios rojo y verde. Los diseños de aristas geométricas remarcadas y muros oscuros contribuyen al impacto del diseño.

En este esquema de colores **sorprendente** se usaron varios colores y telas brillantes. La inusual combinación de diseños de telas agrega un efecto dramático.

Una habitación **tranquila** se logra mediante colores fríos relacionados que tienen bajo contraste entre sí. Los diseños florales repetidos en las cortinas, los objetos artísticos y la alfombra ayudan a unificar el cuarto.

La sensación de **alegría** y ligereza se creó por medio de colores claros que hacen parecer más amplia la habitación. Para mantener la sensación de libertad, se eligieron colores pastel de bajo contraste para los muebles. El tratamiento mínimo de la ventana abre la habitación a la máxima iluminación natural.

En este **sutil** y confortable esquema de decoración se usaron colores complementarios atenuados. Los azules pastel cuidadosamente situados provocan un contraste frío con los muros de color cálido durazno.

En este esquema decorativo **formal** se usaron patrones clásicamente detallados, ricas telas y colores de tonos oscuros que llaman la atención. Un muro más oscuro daría a este cuarto la sensación de mayor intimidad.

El esquema de colores **naturales** se creó mediante el uso de tonos tierra cálidos con sencillos patrones y texturas. Los azules celestes de este cuarto proporcionan un tono frío a la calidez de los tonos cafés.

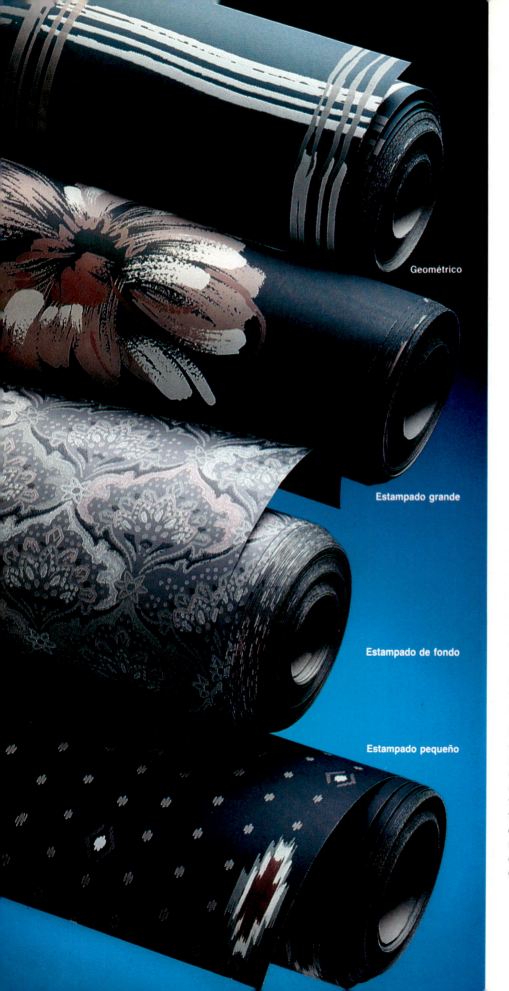

Geométrico

Estampado grande

Estampado de fondo

Estampado pequeño

Conceptos básicos de los estampados

Los tapices para muros aumentan el interés visual de una habitación al agregarle texturas, figuras y acentuación de colores. Constituyen una manera drástica de definir rápidamente el estilo de un cuarto. Por ejemplo, un estampado abstracto pronunciado establece de inmediato un estilo contempóraneo, mientras que un diseño floral de motivos pequeños sugiere un tema más tradicional o campirano.

Muchos tapices para muros vinílicos son lavables y son opciones cada vez más comunes para cocinas, baños y áreas de mucho tráfico.

En las casas de decoración usted encontrará cientos de diseños de tapices para muros, que se clasifican en cuatro estilos básicos (fotografía de la izquierda): geométricos, estampados grandes, estampados de fondo y estampados pequeños. Muchas de estas casas tienen consejeros que le ayudarán a seleccionar el estilo y el patrón que desee sin cargo extra.

Estampados básicos de tapices para muros

Los **estampados geométricos** incluyen cuadrículas, barras y retículas. Los diseños geométricos grandes pueden ser pronunciados y estimulantes, mientras que los pequeños pueden ser muy sutiles. Los diseños con líneas verticales fuertes hacen que el techo parezca más alto.

Los **estampados grandes** agregan más interés visual a una habitación. También pueden hacerlo parecer más pequeño e íntimo.

Los **estampados de fondo** forman diseños apretados. El ojo funde el dibujo con el fondo, minimiza el estampado y destaca el color. Los estampados de fondo se pueden usar en cualquier habitación.

Los **estampados pequeños** agregan un toque geométrico al color general de fondo, formando una sutil trama de fondo. Se suelen usar en cocinas, baños y otros espacios pequeños.

**Tapices
texturados**

**Pintura
texturada**

**Tapices, ribetes
y telas
coordinados**

Efectos especiales

Los tapices para muros con coordinados de tela, ribetes y superficies texturadas amplían sus opciones decorativas. Los tapices de tela, aterciopelados o textiles suavizan la apariencia de una habitación. Los tapices vinílicos repujados o expandidos dan a los muros una textura tridimensional. La pintura texturada es un recurso poco costoso para crear efectos interesantes o para cubrir superficies disparejas.

Muchos fabricantes producen telas y ribetes que coordinan con los tapices para muros. En los muestrarios de tapices usted encontrará muestras de cada uno y en muchos se incluyen fotografías para mostrar los elementos con los que se pueden combinar. Estas fotos son una buena fuente de ideas para el tratamiento de paredes.

Los muestrarios agrupan coordinados de tapices para muros, ribetes y telas. Pueden incluir fotografías que muestran cómo se pueden combinar los elementos.

Los ribetes agregan interés. Se pueden usar para combinar tapices para muros coordinados, para enmarcar ventanas, puertas y techos, o como protecciones para respaldos de sillas en muros pintados.

Las telas y **tapices coordinados** se encuentran hechos de fábrica. Las telas pueden combinar con los recubrimientos o ser complementarias. Los coordinados también pueden incluir remates complementarios o para combinar.

La **pintura texturada** crea sombras y diferencias ligeras de color para hacer más atractiva la superficie de un muro. Se pueden obtener diversos efectos de texturas si la pintura fresca se trabaja con diferentes herramientas (páginas 84-85).

Los tapices texturados para muros, como los vinílicos repujados o expandidos, imitan el efecto del aplanado o la pintura texturada en muros y techos. Los tapices texturados tienen la ventaja adicional de poderlos quitar fácilmente.

Creación de su propio estilo en el decorado de habitaciones

Un buen plan de decoración combina creativamente lo viejo con lo nuevo. Comience recogiendo muestras del mobiliario, alfombrado y de otros elementos que usted desee conservar en la habitación.

Tome una pequeña muestra de alfombra en un área poco notable, por ejemplo, de un closet. Corte muestras de tela de las bastillas o los dobladillos de la tapicería y las cortinas. Si es posible tome también muestras de los elementos decorativos de madera y de las losetas.

En seguida visite algunos centros de decoración para recoger muestras de colores de pintura y tapices para muros. Recorte las ideas interesantes que encuentre en las revistas. Extienda las muestras en el cuarto que quiere decorar. Trate de imaginarse cómo se verían los nuevos colores y diseños estampados junto a los muebles existentes. El mejor esquema de decoración será el que le complazca a usted y a su familia. Por tanto, confíe en su propio juicio al elegir los colores y los diseños.

Corte muestras del interior de la bastilla de las cortinas y tome muestras de hilos de la alfombra de los rincones del closet. Corte muestras de telas de tapicería de las partes de abajo de los muebles. Tome muestras de losetas del piso y de los elementos decorativos en madera si es posible.

Recorte ideas de revistas de decoración y pida muestras de pintura, tapicería y telas cuando visite las casas de decoración.

Pegue o engrape las muestras en tarjetas de archivo. Use las tarjetas para tomar nota de las medidas o para hacer pequeños croquis y observaciones. Coloque las muestras en bolsas de plástico transparente para poder ver fácilmente el contenido. Esto es muy útil si trabaja en más de una habitación. Lleve sus muestras a la casa de decoración cuando empiece a hacer sus selecciones.

Creación de un esquema básico de colores

En la mayoría de los decorados de habitaciones se usa uno de tres esquemas básicos de colores. En un **esquema de un solo color** se usa un color en tonos diversos, como azules claros y oscuros. En un **esquema de colores relacionados** se usan colores que colindan entre sí en el círculo cromático. Un cuarto decorado en azules y lavandas es un ejemplo de esquema de colores relacionados. En un **esquema de colores complementarios** se usan los colores opuestos entre sí en el círculo cromático, como el color durazno y el azul.

Al redecorar un cuarto, usted puede crear una amplia variedad de esquemas de colores, incluso si va a conservar la misma alfombra y los mismos muebles.

Esquema de colores relacionados

Use varios tonos del mismo color. Un esquema de un solo color es fácil de desarrollar y produce una sensación de tranquilidad a una habitación. Dos cuartos se pueden unificar entre sí usando el mismo esquema de un solo color en ambos. La selección de azules más oscuros en este cuarto permite destacar los muebles de colores más claros.

Esquema de colores relacionados

Use colores próximos entre sí en el círculo cromático. Un esquema de colores relacionados crea la sensación de quietud y unidad en un cuarto. Los colores claros relacionados son relajantes, en tanto que los oscuros relacionados son elegantes y formales.

Esquema de colores complementarios

Use colores opuestos entre sí en el círculo cromático. Con frecuencia, los esquemas complementarios son dramáticos. En este cuarto, el cálido color durazno se destaca y equilibra por los tonos azules fríos. Los muros de colores pastel más claros permiten que los muebles claros se integren a la habitación.

Decoración con coordinados

Las colecciones coordinadas de telas, tapices para muros y ribetes dan gran flexibilidad para decorar una habitación. Ésta se puede unificar si se usa la misma tela en cortinas, cojines y forros de muebles.

Para hacer destacar los muebles, se debe elegir un tapiz o pintura para muros que contraste con los muebles y las cortinas. Para que los muebles resalten menos, hay que elegir colores de tapices y pintura para muros que combinen con ellos.

En un cuarto bien diseñado se puede usar un solo patrón o muchos patrones diferentes que estén relacionados por el color o el estilo.

Esquema de bajo contraste

Un solo motivo en el estampado de la tela ayuda a unificar las cortinas y los muebles. El color de la pared se eligió para que combinara con el color claro del fondo de la tela. Esto hace que el cuarto parezca más grande y ayuda a que los muebles se integren a las paredes. La repetición del estampado contribuirá a unificar los cuartos adyacentes.

Esquema de alto contraste

El verde oscuro de la tela se usa como color de fondo del muro para crear un fuerte contraste con la alfombra clara y la tapicería de los muebles. El detallado diseño del ribete del tapiz para muros contrasta con los colores fuertes que lo rodean.

Esquema de estampados múltiples

Varios estampados diferentes se pueden combinar acertadamente en el mismo cuarto. Los diferentes estampados en esta habitación están unificados por medio de diseños florales relacionados y colores repetidos. El ribete ayuda a integrar entre sí los elementos del cuarto.

Selección de pintura y tapices para muros

Cuando piense en comprar un nuevo color de pintura o de tapiz para muros, lleve sus recortes y otras muestras de los muebles de su casa a la casa de decoración.

Muchas casas de decoración tienen consejeros profesionales en decoración que ayudan a los clientes sin cargo alguno. La selección de pinturas de una casa de decoración puede constar de más de mil colores diferentes, y los departamentos de tapices para muros pueden contar con varios cientos de libros de muestras. Usted puede reducir rápidamente su selección comparando las muestras de su casa con las de pinturas y tapices de la tienda.

Siempe lleve a su casa varias muestras de pinturas y tapices por un día o dos antes de hacer la selección final. Examine las muestras dentro del cuarto que esté decorando, para ver cómo interactúan los colores y los diseños con los muebles existentes. Recuerde que los colores cambian bajo diferentes condiciones de iluminación; por tanto, vea sus muestras a plena luz del día, en un día nublado y con luz artificial.

Sugerencias para seleccionar pinturas y tapices para muros

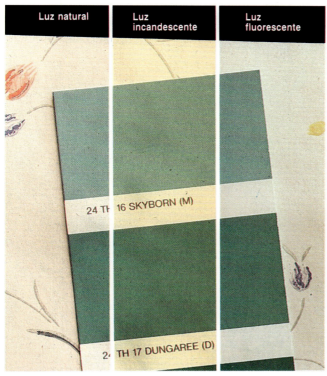

En la tienda observe juntas las muestras de pintura y de tapiz a la luz del día y también bajo iluminación artificial. La iluminación de la tienda puede ser diferente de la de su casa.

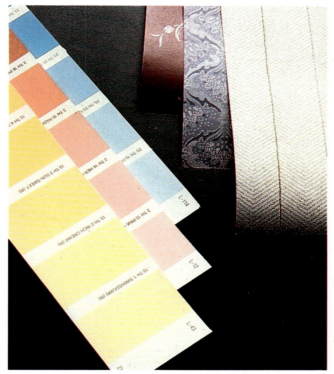

Lleve a casa no más de tres muestras diferentes de color y tapices. Entre menos alternativas se plantee, más fácil será la decisión final.

Examine el extremo oscuro de una tarjeta con muestras de pintura para determinar la base del tinte de una pintura blancuzca. Casi todas las mezclas con blanco tienen algún indicio de color.

Para elegir los muestrarios de tapices, hojéelos rápidamente. Una mirada rápida ahorra tiempo y puede indicar cuáles libros deseará examinar con más atención.

(Continúa en la página siguiente)

Pegue juntas cuatro muestras de pintura. Las muestras de color más grandes son más fáciles de apreciar. Corte los bordes blancos porque pueden distraerle.

Compare las muestras de pintura y tapices dentro del cuarto en que los usará. Ponga las muestras en posición vertical para duplicar la manera en que la luz da en la superficie de un muro. Adhiera muestras de tapices en los muros donde se colocarán.

Antes de tomar la decisión final, corte una muestra grande de tapiz para usarla en la prueba de las 24 horas (página opuesta). Las casas de decoración usualmente le dan muestras grandes, o bien, pueden prestarle libros de muestras.

Compre un cuarto de galón del color de pintura elegido. Pinte una muestra en un cartón grande y colóquelo sobre el muro. Haga la prueba de las 24 horas (página opuesta) antes de comprar la cantidad total de pintura y tapiz que necesite.

La prueba de las 24 horas

La iluminación influye sobre el color. Para apreciar cómo se verá la pintura o el tapiz antes de tomar la decisión final, coloque una muestra grande sobre el muro y mírela de vez en cuando en el curso de las 24 horas del día. Observe cómo cambia el color en diversas condiciones de luz. Si su cuarto se usa con más frecuencia a una hora determinada del día, mire cuidadosamente el color a esa hora. Los colores de pinturas y tapices se verán diferentes en su casa, en comparación a cómo se ven en la casa de decoración. Los muebles, los elementos de madera y los pisos reflejan sus propios colores sobre los muros y cambian su apariencia.

Por lo general, la **iluminación incandescente** en interiores tiene un tono amarillo, aunque la elección de la bombilla y la pantalla puede cambiar su tinte.

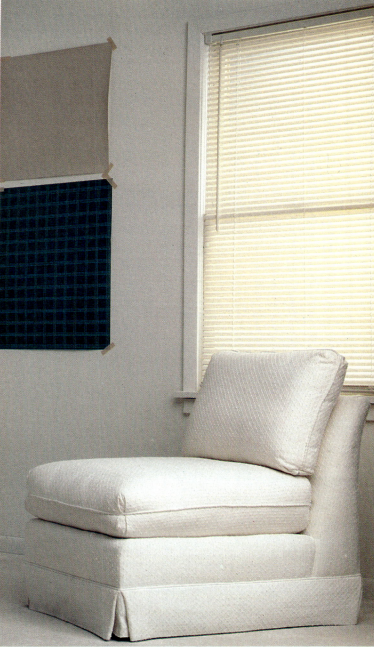

La luz natural diurna tiene un tono azul al mediodía, mientras que al atardecer y al anochecer su tono es anaranjado cálido.

Preparación

Escalerillas y andamios

Todo lo que usted necesita para pintar la mayoría de las superficies interiores son dos escalerillas de buena calidad y una tarima de extensión. Para pintar áreas altas, construya un andamio sencillo atravesando la tarima entre los peldaños de dos escaleras de tijera. Como es muy fácil perder el equilibrio o dar un paso en falso en la tarima, por seguridad debe elegir escaleras altas. La parte superior de las escaleras puede ayudarle a equilibrarse y evitará que ponga los pies en falso en los extremos de la tarima. Compre un tablón fuerte, recto de 2 × 10 pulgadas y de no más de 12 pies de largo, o bien, alquílelo en un negocio de cimbra o de materiales.

En la etiqueta del fabricante se indican tolerancias de peso e instrucciones para el uso correcto de la escalera de tijera. Léalas cuidadosamente al comprar una escalera. Recuerde que usted puede exceder el peso recomendado cuando cargue herramientas o materiales arriba en la escalera.

Cómo usar un andamio

Para los techos y puntos altos en los muros, haga un andamio sencillo colocando una tarima de extensión entre los peldaños de dos escaleras de tijera. La tarima no debe tener más de 3.5 m de largo. Las escaleras deben estar una frente a la otra para que los escalones queden adentro. Asegúrese de que las abrazaderas de seguridad estén bajadas y cerradas y tenga cuidado al pisar.

Cómo usar un andamio sobre escaleras de tijera

En las escaleras coloque una tarima de extensión hasta el peldaño de la escalera de tijera y coloque el otro extremo en el escalón de la escalera. Asegúrese de que la escalera de tijera esté estable y compruebe si la tarima está nivelada. Mantenga la tarima cerca de la pared si es posible, y nunca se estire.

Sugerencias para usar escaleras de tijera y andamios

Rente tarimas de extensión con su distribuidor de pinturas o en un negocio de cimbra.

Elija las tarimas sin nudos grandes o rajaduras. Seleccione tablas de 2 × 10'' que tengan muelleo: las tarimas de madera rígidas y quebradizas se pueden romper de repente.

Baje completamente los tirantes y asegúrese de que se cierren. Las piernas de la escalera deben estar niveladas y asentadas en el piso.

No se pare en el peldaño superior ni en el tirante superior ni en el estante auxiliar de una escalera de tijera.

Centre su peso en la escalera de tijera. Mueva la escalera cuando sea necesario desplazarse, no sobrepase su centro de gravedad.

Mantenga los peldaños ajustados revisándolos periódicamente y ajustando los tirantes cuando sea necesario.

Mantenga la escalera frente a usted cuando trabaje. Incline su cuerpo contra la escalera para equilibrarse.

Las escaleras de tijera ajustables se adaptan a muchas necesidades diferentes de trabajo. Se puede usar como escalera recta, como escalera de tijera o como base para los tablones del andamio.

Lámpara de trabajo

Balde y esponja natural

Tela para salpicaduras

Atomizador

Guantes de hule

Lijadora plana

Lija de agua

Pistola de calor

Aspiradora manual

Pistola para tornillos

Espátulas para paredes de yeso prefabricadas

Herramienta perforadora

Brocha para pintar

Herramientas y materiales para la preparación

Usted puede reducir o eliminar la mayoría de las tareas de limpieza si compra las herramientas correctas para la preparación. Por ejemplo, compre baldes desechables de plástico o de papel para mezclar la pasta para retacar, el compuesto o masilla para resanar. Cuando la pasta se endurece en el recipiente, deséchelo: se evitará el trabajo de lavar el balde y también de tapar el drenaje con la pasta.

Use una esponja o una lijadora de agua para las paredes de yeso prefabricadas para alisar el aplanado o el compuesto para paredes prefabricadas mientras está aún blando, en vez de esperar hasta que seque y se vuelva difícil lijarlo.

Compre diversas herramientas para rellenar agujeros. Necesitará espátulas angostas para resanar espacios pequeños y una espátula ancha o llana que cubra el área de reparación al tapar agujeros en muros o techos. Una herramienta para resanar que sobrepase ambos bordes del agujero le permitirá tapar hoyos de una sola pasada y se reducirán las marcas de la espátula y se evitará el lijado.

Los agentes removedores ayudan a preparar las superficies para pintarlas o tapizarlas y agilizan la limpieza. De la esquina superior izquierda, en el sentido del reloj: pasta para tapices de muros, solución limpiadora, removedor de tapices, fosfato trisódico (TSP).

Líquidos para preparación, en el sentido del reloj desde la esquina superior izquierda: removedor de pintura, líquido opacador para superficies brillantes antes de pintar, agente adhesivo de látex para reparación de aplanados.

Productos para resanar y cubrir, desde la esquina superior izquierda, en sentido de las manecillas del reloj: pasta para resanar, cinta adhesiva para cubrir; pasta premezclada y malla de fibra de vidrio (en cinta) para paredes de yeso prefabricadas; resanador de madera; malla metálica autoadherible, en parches, para resanar agujeros; papel engomado para cubrir.

La base y los selladores proporcionan una buena capa base que se adhiere a la pintura o al barniz de acabado. De izquierda a derecha: sellador para lijarse, base PVA, sellador con juntas, base alquídica para paredes de yeso prefabricadas.

Preparación de la habitación

Antes de pintar, el primer paso es proteger todo lo que se podría salpicar de pintura. Quite toda la herrería de ventanas y puertas, artefactos de iluminación y las placas de cubierta de contactos e interruptores de la pared. Cubra los muebles y los pisos. Retire las cubiertas de ductos de calefacción y aire acondicionado. Cubra todas las molduras de madera con papel autoadhesivo o cinta adhesiva para cubrir.

Sugerencia: al quitar los herrajes, marque las piezas con masking tape para identificarlas y poder reinstalarlas fácilmente.

Cómo preparar una habitación

1 Quite todos los herrajes, como manijas de ventanas y aldabas de gabinetes, de las superficies que vaya a pintar. Si va a instalar nuevos herrajes, cómprelos con anticipación y taladre los agujeros nuevos si es necesario.

2 Quite todos los clavos, tornillos y colgadores de cuadros de la superfice que va a pintar. Para evitar daños en el aplanado o la pared prefabricada, use una tira de madera bajo la cabeza del martillo.

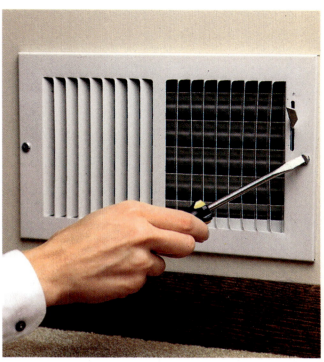

3 Quite las cubiertas de los ductos de calefacción y aire acondicionado para protegerlos de salpicaduras de pintura. Quite los termostatos, o use cinta adhesiva para cubrir para protegerlos de chorreaduras.

4 Mueva los muebles al centro de la habitación y cúbralos con hojas de plástico. En una habitación grande, deje un paso por el centro del cuarto si va a pintar el techo. Cubra los pisos con lonas de 9 onzas. La lona absorbe los derrames.

5 Desconecte la electricidad. Quite las placas protectoras de los contactos y los interruptores eléctricos. Coloque de nuevo los tornillos de las placas en sus lugares. Aparte los accesorios ligeros de los contactos eléctricos o desármelos. Cubra los artefactos colgantes con bolsas de plástico.

Desprendimiento del tapiz

Con frecuencia los tapices vinílicos más nuevos se pueden quitar a mano. Algunos dejan residuos de papel y adhesivo que se quitan fácilmente con agua. Con los tapices no removibles, perfore la superficie con una herramienta perforadora, luego aplique solución removedora para disolver el pegamento.

Los líquidos removedores de tapiz para muros contienen agentes humedecedores que penetran el papel y ayudan a ablandar el pegamento. Use una solución removedora para quitar todo el pegamento una vez retirado el tapiz.

Si el tapiz anterior estaba colocado sobre una pared de yeso prefabricada sin sellador, tal vez sea imposible quitarlo sin destruirla. Usted puede pintar o colocar un nuevo tapiz directamente sobre el anterior, pero hay que alisar y aplicar base a la superficie. Antes de pintar sobre el tapiz del muro, aplique una base alquídica a la pared.

1 Busque un extremo suelto y trate de arrancar el tapiz. Los vinilos se desprenden fácilmente.

2 Si el tapiz del muro no se desprende a mano, cubra el piso con capas de papel periódico. Ponga removedor líquido a un balde de agua, como lo indica el fabricante.

3 Perfore la superficie del tapiz con una herramienta perforadora. Esto permite que la solución removedora penetre y ablande el adhesivo.

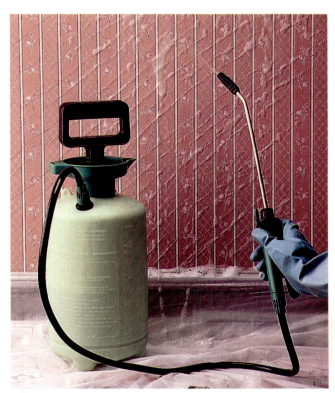

4 Para aplicar la solución removedora, use un atomizador, un rodillo para pintar o una esponja. Deje penetrar la humedad al tapiz siguiendo las indicaciones del fabricante.

5 Desprenda el tapiz flojo con una espátula de 6 pulgadas. Tenga cuidado de no dañar el aplanado o la pared prefabricada. Quite todo el papel de respaldo del tapiz.

6 Enjuague los residuos de adhesivo de la pared con la solución removedora. Enjuague con agua limpia y deje secar las paredes completamente.

Preparación y reparación de muros y techos

Para garantizar un acabado durable, los muros se deben lavar cuidadosamente, enjuagarlos y lijarlos antes de aplicar la base. Para lograr una apariencia profesional, revise cuidadosamente sus muros dañados y repárelos según sea necesario. Las cintas de fibra de vidrio preengomadas para reparación y los compuestos premezclados para parchar reducen el tiempo de secado y usted puede resanar y pintar el muro en el mismo día.

Lave y lije antes de pintar. Use solución de fosfato trisódico (TSP) y una esponja para cortar la grasa y desprender la suciedad. Use guantes de hule y lave los muros de abajo hacia arriba con una esponja húmeda para evitar vetearlos. Enjuague cuidadosamente con agua limpia. Una vez secas, lije ligeramente las superficies.

Cómo quitar manchas

1 Aplique el quitamanchas a un trapo limpio y seco y frote ligeramente para eliminar la mancha.

2 Selle todas las áreas de manchas con laca transparente. La laca previene que las manchas vuelvan a aparecer por abajo de la pintura nueva.

Las manchas de agua o enmohecimiento pueden indicar daño en la instalación hidráulica. Revise si hay fugas de tuberías y aplanado blando, haga las reparaciones necesarias y luego selle el área con sellador destructor de manchas.

Cómo limpiar paredes enmohecidas

1 Intente quitar las manchas lavándolas con agua y detergente. Las manchas de moho no desaparecen con el lavado.

2 Use guantes de hule y protección para los ojos y lave las paredes con blanqueador, el cual sí mata las esporas del moho.

3 Después del tratamiento con blanqueador, lave el moho con solución de fosfato trisódico y enjuague con agua limpia.

Cómo resanar pintura descarapelada

1 Arranque la pintura suelta con una espátula para masilla o raspador de pintura.

2 Aplique pasta a los bordes de la pintura con una espátula para mastique o una espátula flexible para paredes prefabricadas.

3 Lije el área resanada con lija de grano 150. El área resanada se debe sentir tersa al tacto.

Cómo resanar agujeros de clavos

1 Aplique pasta ligera para rellenar el agujero con una espátula o con las puntas de los dedos. Esto permite reducir el área resanada y es más fácil ocultarla con pintura. Deje secar la pasta.

2 Lije ligeramente el área resanada con lija de grano 150. La lija tiene una superficie abierta que no se atora. Quite el polvo con una esponja húmeda, luego aplique base PVA en el lugar.

Cómo resanar melladuras y agujeros superficiales

1 Desprenda y lije cualquier parte floja del aplanado, pintura suelta o papel tapiz de la pared prefabricada para asegurarse de que la parte a resanar tenga una base sólida.

2 Rellene el agujero con pasta ligera. Aplíquela con la espátula más pequeña que cubra todo el agujero. Deje secar la pasta.

3 Lije ligeramente con lija de grano 150.

Cómo reparar clavos salidos en paredes de yeso prefabricados

1 Inserte un tornillo a 5 cm (2'') del clavo saliente en la pared prefabricada. Asegúrese de que el tornillo penetra en un montante o vigueta y sujete la pared prefabricada hasta ajustarse al marco.

2 Desprenda la pintura suelta o el compuesto de la pared de yeso prefabricada. Ajuste de nuevo el clavo saliente en el marco hasta que la cabeza quede hundida 1 mm (¹/₃₂'') abajo de la superficie de la pared prefabricada. No hunda el clavo con un punzón.

3 Use una espátula para pared de yeso prefabricada para aplicar 3 capas de compuesto premezclado para paredes de yeso prefabricadas, a los agujeros de clavos y tornillos. Deje el tiempo suficiente para que seque cada capa. El compuesto se contraerá. Lije y aplique base al área resanada.

Cómo reparar grietas en un aplanado

1 Raspe la textura o el aplanado suelto alrededor de la grieta. Refuerce la grieta con cinta de fibra de vidrio preengomada para paredes de yeso prefabricadas.

2 Use una espátula para aplicar la pasta o el compuesto para paredes de yeso prefabricadas sobre la cinta para que ésta quede cubierta: si el compuesto es demasiado espeso, se volverá a agrietar.

3 Aplique una segunda capa delgada si es necesario sellar los bordes de la cinta. Lije ligeramente y aplique base al área reparada. Vuelva a dar textura a la superficie (páginas 84-85).

Cómo resanar pequeños hoyos en paredes de yeso prefabricadas

1 Examine el área dañada. Si no hay grietas alrededor del borde del agujero, simplemente rellénelas con pasta, déjela secar y líjela hasta dejarla tersa.

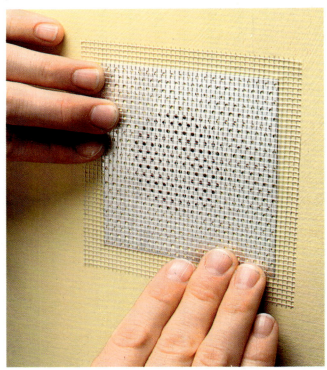

2 Si los bordes están agrietados, cubra el agujero con un parche adherible. El parche tiene un centro de malla metálica que le da resistencia y se puede cortar o moldear como sea necesario. Los parches vienen en varios tamaños.

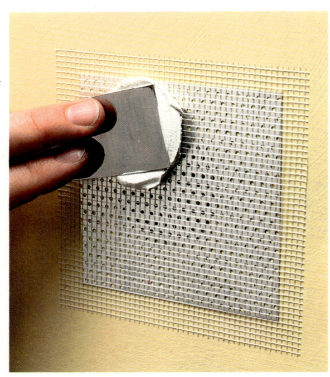

3 Use una espátula flexible para cubrir el parche con pasta o compuesto para paredes de yeso prefabricadas. Se pueden necesitar dos capas. Deje que fragüe el parche hasta que esté casi seco.

4 Use una esponja húmeda o lija de agua para paredes de yeso prefabricadas para alisar el área reparada. Esto elimina el polvo producido por el lijado.

Cómo tapar agujeros grandes en paredes de yeso prefabricadas

1 Delinee el área dañada con una escuadra de carpintero. Use una sierra para paredes de yeso prefabricadas o una caladora para cortar la sección dañada.

2 Instale tiras de madera o de pared de yeso prefabricada como respaldo. Para madera use una pistola atornilladora para tablero y tornillos para tablero de 1¹/₄'' para sujetar las tiras en su lugar.

3 O bien, use listones de respaldo para paredes de yeso prefabricadas y pegamento caliente como una alternativa para las tiras de madera de respaldo. Atornille o pegue con goma el parche en la pared prefabricada colocado sobre los listones.

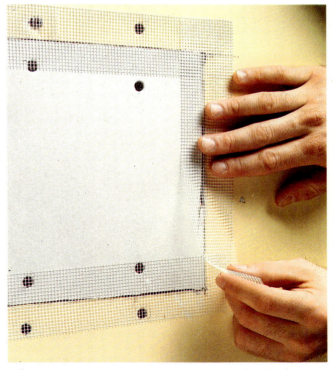

4 Aplique cinta para pared de yeso prefabricada en las grietas de unión, luego aplique compuesto para pared de yeso prefabricada y lije el área (página opuesta).

Reparación de agujeros en el aplanado

Los modernos métodos y materiales para reparación han simplificado el trabajo de tapar agujeros en los aplanados. La aplicación de una capa de líquido adhesivo de látex sobre el área del agujero asegura una buena adhesión para lograr un relleno firme y sin grietas. El líquido adhesivo elimina también la necesidad de mojar el aplanado y la tela de alambre evita el secado y la contracción prematura. Pida en la ferretería un buen líquido adhesivo de látex para concreto y aplanados.

Cómo reparar agujeros en el aplanado

1 Lije o desprenda la pintura texturada del área alrededor del agujero.

2 Pruebe con una espátula si el aplanado está sólido y bien sujeto alrededor del área dañada. Desprenda todo el aplanado suelto o blando.

3 Aplique libremente líquido adherente de látex alrededor de los bordes del agujero y sobre la base de malla para asegurarse que la unión entre el aplanado nuevo y el viejo no se agriete.

4 Mezcle la pasta para resanar siguiendo las instrucciones del fabricante y use una espátula para pared de yeso prefabricada o una llana para aplicarla al agujero. Rellene los agujeros superficiales con una sola capa de pasta.

5 Para agujeros profundos, aplique primero una capa superficial, luego ráyela en un patrón cuadriculado mientras esté húmeda. Déjela secar, luego aplique una segunda capa. Déjela secar y lije superficialmente.

Use pintura texturada o compuesto para pared de yeso prefabricada para recrear la textura superficial, como se indica en las páginas 84-85.

Preparación de acabados en madera

Cómo reparar agujeros en el aplanado

Antes de pintar o darle un nuevo acabado, la madera se debe limpiar, reparar y lijar. Si la pintura vieja tiene una capa muy gruesa o está muy descarapelada, se debe eliminar antes de volver a pintar la madera.

Si usa una pistola de aire caliente para eliminar el recubrimiento, tenga cuidado de no estropear la madera. Nunca use una pistola de aire caliente después de usar removedores químicos: el residuo químico se puede evaporar o encender con el calor.

Cuando use un removedor químico de pintura, siempre use ropa protectora y utensilios de seguridad, incluyendo protección para los ojos y mascarilla. Siga las instrucciones de la etiqueta para su uso seguro, y siempre trabaje en un área bien ventilada.

1 Siga las instrucciones de la etiqueta para usar con seguridad los productos químicos. Use guantes de hule gruesos y protección para los ojos. Use ropa de trabajo adecuada y abra las ventanas y las puertas para que haya ventilación mientras usa los removedores químicos.

Cómo quitar la pintura con una pistola de aire caliente

1 Mantenga la pistola de aire caliente cerca de la madera hasta que la pintura se ablande y comience a hincharse. El sobrecalentamiento puede hacer gomosa la pintura y puede estropear la madera. Siempre tenga cuidado al usar la pistola de aire caliente cerca de materiales flamables.

2 Retire la pintura ablandada con un raspador o espátula para mastique. Existen raspadores de muchas formas para remover pintura de molduras labradas. Lije cualquier residuo de pintura que quede después de quitarla.

2 Aplique libremente una capa de removedor a la madera pintada con una brocha para pintar o con lana de acero. Déjela reposar hasta que la pintura empiece a esponjarse. No deje que el removedor se seque sobre las superficies de madera.

3 Raspe y quite la pintura con una espátula para masilla o un raspador y lana de acero tan pronto como se afloje. Frote la madera pelada con alcohol desnaturalizado y una nueva lana de acero para limpiar la veta. Limpie la madera con una esponja húmeda o con disolvente, como se indica en la etiqueta del removedor.

Cómo preparar los acabados de madera para pintarlos

1 Lave los acabados en madera con solución de fosfato trisódico y enjuague. Raspe cualquier residuo de pintura suelta. La madera muy astillada se debe despintar por completo (páginas 52-53)

Cómo preparar la madera barnizada para darle un nuevo acabado

1 Limpie la madera con un trapo suave y aceites minerales inodoros o líquido pulidor de muebles.

Limpieza y resanado de acabados en madera

Para obtener los mejores resultados, los acabados en madera se deben limpiar, resanar y lijar antes de pintarlos. Un líquido opacador ayuda a opacar superficies brillantes para que se adhiera la nueva pintura. Si se van a instalar herrajes nuevos, compruebe que las nuevas piezas se ajustan con los viejos agujeros para tornillos. Si se tienen que taladrar nuevos agujeros, rellene los viejos con resanador de madera.

Para renovar madera barnizada, limpie la superficie con aceites minerales o aceite para muebles, luego resane los agujeros con un resanador para madera del color adecuado para el acabado existente. Lije finamente la madera y aplique una o dos capas de barniz.

2 Use una espátula para masilla para aplicar el resane de látex para madera o masilla para los agujeros de clavos, melladuras y otras áreas dañadas.

3 Lije las superficies con el papel de lija 150 hasta que quede suave al tacto. Limpie la madera con un trapo antes de aplicar la base y la pintura.

2 Aplique la pasta para madera en agujeros y muescas con una espátula. Lije las áreas resanadas ligeramente con papel de lija de grano 150

3 Vuelva a pintar las áreas resanadas para emparejarlas con la madera de alrededor. Aplique 1 ó 2 capas de barniz (página 80).

Recubrimiento y protección

Para pintar más rápido y sin manchar, proteja todas las superficies que se podrían salpicar. Si sólo va a pintar el techo, cubra los muros y los elementos de madera para evitar mancharlos. Cuando pinte muros, cubra los marcos y los bastidores de ventanas y puertas.

Quite los muebles ligeros y coloque en el centro de la habitación los más pesados y cúbralos con plástico. Cubra el piso con lona gruesa para recibir las salpicaduras de pintura.

Materiales para cubrir. En el sentido del reloj desde la esquina superior izquierda: telas de plástico y lona para chorreaduras, plástico autoadhesivo, papeles para cubrir preengomados. También existen laminados de papel y plástico.

Cómo proteger los muros

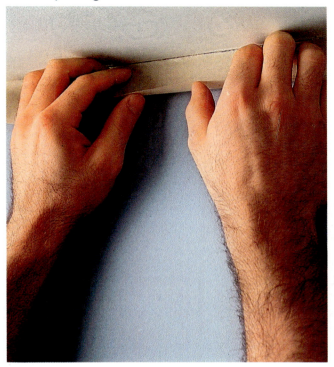

1 Presione la mitad superior de la cinta adhesiva para cubrir de 5 cm (2'') a lo largo de las esquinas entre pared y techo. Deje suelta la mitad inferior de la cinta.

2 Cuelgue una hoja de plástico bajo la cinta para cubrir, en las paredes y marcos. Quite el extremo suelto antes de que la pintura esté demasiado seca para retirarlo.

Cómo cubrir los marcos

1 Use papel engomado o cinta adhesiva para cubrir, para proteger los marcos de madera de las salpicaduras de pintura. Deje suelto el borde exterior de la cinta.

2 Después de aplicar la cinta, corra la punta de una espátula a lo largo del borde interior de la cinta para sellarla contra chorreaduras de pintura. Quite el material para enmascarar antes de que esté demasiado seca para retirarla.

Revisión final y sugerencias para la limpieza

Antes de pintar haga una revisión final del área de trabajo. Limpie cuidadosamente la habitación para eliminar el polvo que se pudo acumular en las herramientas y asentar en la pintura fresca. Mantenga los niveles de temperatura y humedad recomendados por las etiquetas de los productos que utilice. Esto ayudará a mantener frescos los bordes de la pintura mientras esté pintando y así se evitarán marcas de traslape en el trabajo terminado.

También es importante que la pintura seque dentro de los límites normales de tiempo, para que el polvo no se pegue a la superficie terminada mientras está fresca. Cuando se aplique un tapiz para muros, un buen clima de trabajo evita el secado prematuro del adhesivo, así como las burbujas o extremos desprendidos en el tapiz.

Revise todas las superficies que vaya a pintar con una luz bastante fuerte. Lije, o empaste y lije, cualquier zona que haya omitido durante la preparación.

Apague los termostatos de hornos y acondicionadores de aire a presión para que el ventilador no eche polvo en el área que esté pintando.

Lije todas las superficies que vaya a pintar con lija 150. El lijado opaca la superficie para aceptar la nueva pintura. Limpie los muros con un trapo.

Limpie el polvo de las molduras con un trapo, o con un trapo y líquido opacador.

Use una aspiradora portátil para recoger el polvo de los umbrales de las ventanas y las guías de bastidores de ventana y del marco y el contramarco.

Si los niveles de humedad son bajos, coloque un humidificador en el cuarto antes de pintar o recubrir los muros. Esto evita que la pintura o el adhesivo se seque demasiado aprisa.

Aplicación de bases y selladores

Antes de barnizar la madera se debe aplicar sellador a su superficie. Con frecuencia, la madera tiene fibras duras y blandas, así como fibras a contrahilo altamente absorbentes. La aplicación de un sellador ayuda a cerrar los poros superficiales de la madera para que el barniz se absorba uniformemente en los diferentes tipos de fibras de la madera. Si la madera no está sellada, el barniz puede dar un acabado veteado.

Las bases se usan para sellar superficies que se van a pintar. Las uniones en paredes de yeso prefabricadas y las áreas resanadas que han sido tratadas con compuesto o material para rellenar pueden absorber la pintura a ritmos diferentes que las áreas a su alrededor. Las juntas y las áreas de resanes se ven a menudo como ''sombras'' a través de la pintura terminada si los muros no recibieron la base apropiada.

Tiña la base con la base de color disponible en los almacenes de pintura, o pida que su proveedor lo haga. Una base de color igualado proporciona una excelente base para la capa de terminado de la pintura.

Cómo aplicar base y sellador antes de pintar

Selle la madera que no ha sido pintada anteriormente con una base antes de pintarla o con un sellador transparente antes de barnizarla. La madera sin sellador puede producir un acabado disparejo.

Lije las superficies brillantes con lija fina, luego aplique la base para obtener una buena adhesión entre la pintura nueva y vieja. Las bases producen "agarre" para la nueva capa de pintura.

Selle las superficies texturadas con una base PVA o alquídico; luego aplique la capa de acabado con un rodillo de pelo largo. Los muros y techos texturados absorben mucha pintura y es difícil aplicarla uniformemente.

Aplique base a las pequeñas áreas reparadas del aplanado o de las paredes de yeso prefabricadas con base PVA.

Pintura

Seguridad al pintar

Siempre lea y siga las instrucciones que vienen en las etiquetas de los envases de pintura y disolventes. Las sustancias químicas que implican riesgo se clasifican de acuerdo a su grado de peligrosidad como: combustible, flamable o extremadamente flamable. Tenga precaución al usar estos productos y recuerde que sus emanaciones también son flamables.

La advertencia ''usar con ventilación adecuada'' significa que no debe haber más emanaciones de las que habría si usara el material en el exterior. Abra puertas y ventanas, use extractores de aire y una mascarilla de seguridad autorizada en caso de no estar protegido contra emanaciones de pintura o disolvente.

Las sustancias químicas de la pintura no se almacenan bien. Compre sólo la cantidad que necesita para su proyecto y manténgalas alejadas de los niños. Use la pintura sobrante para aplicar una capa extra o siga los reglamentos locales sobre la eliminación de pinturas.

Lea la información de la etiqueta. Las sustancias químicas venenosas o inflamables están marcadas con advertencias e instrucciones para su uso seguro.

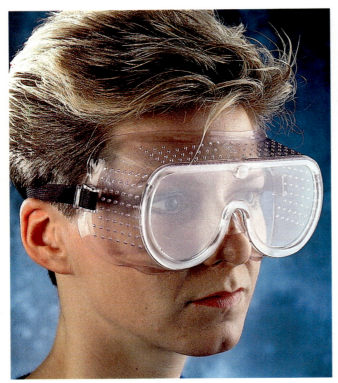

Use gafas de seguridad al trabajar con productos químicos removedores o limpiadores. Use las gafas al pintar superficies altas.

No use productos químicos cerca del fuego marcados como combustibles o inflamables, como los removedores químicos. El fuego de los pilotos de algunos aparatos puede prender los vapores químicos.

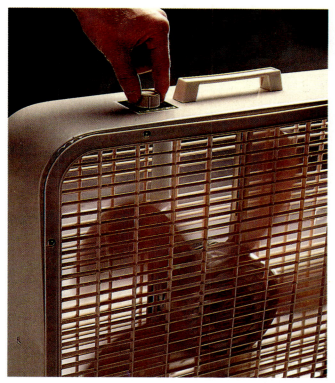

Abra puertas y ventanas y use ventilador cuando pinte en interiores. Si la etiqueta de un producto tiene la advertencia ''dañino o mortal si se ingiere'' se supone que la inhalación de sus vapores es peligrosa.

Use una mascarilla autorizada para filtrar los vapores si usted no puede ventilar apropiadamente el área de trabajo. Si puede oler los vapores, entonces la ventilación no es adecuada.

Deje que los adelgazadores se asienten después de limpiar las herramientas. Una vez asentados los materiales sólidos, cuele el adelgazador limpio y guárdelo para volver a usarlo. Deseche los sedimentos.

Deseche los restos de pintura en un lugar seguro. Deje descubierto el envase hasta que los disolventes se evaporen, luego vuelva a taparlos y deseche el recipiente junto con la demás basura.

Selección de la pintura

Las pinturas tienen una base de agua y látex o alquídica. Las pinturas a base de látex son fáciles de aplicar y limpiar y el mejoramiento químico de los látex actuales las hacen adecuadas para casi cualquier aplicación. Algunos pintores piensan que la pintura alquídica da acabados superficiales más tersos, pero los reglamentos locales pueden restringir el uso de productos con base alquídica.

Las pinturas vienen en varios brillos. Desde los acabados mate hasta los esmaltes de alto brillo. Los esmaltes brillantes se secan con un acabado lustroso y se usan para superficies que se lavan con frecuencia, como baños, cocinas y acabados en madera. Las pinturas mate se usan para la mayoría de usos en muros y techos.

Use siempre una buena base para cubrir las superficies antes de pintarlas. La base se adhiere bien a todas las superficies y proporciona una base durable que previene el agrietamiento y el desprendimiento de la capa de acabado. Tiña la base para que se iguale al color nuevo y para evitar una segunda capa de acabado de pintura que es muy costosa.

Cómo calcular la **cantidad** de pintura

1) Longitud de la pared o el techo (en metros)	
2) Altura de la pared o ancho del techo	×
3) Área de la superficie	=
4) Cobertura por galón de la pintura seleccionada	÷
5) Galones de pintura necesarios	=

Cómo seleccionar una pintura de buena calidad

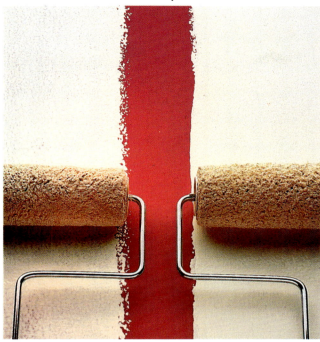

La cobertura de pintura anotada en las etiquetas de las pinturas de calidad debe ser de cerca de 38 m cuadrados por galón. Las pinturas baratas (izquierda) pueden requerir 2 capas, e incluso 3, para cubrir la misma superficie.

La gran resistencia a las lavadas es una característica de la pintura de buena calidad. Los pigmentos de las pinturas baratas (derecha) se pueden volver gredosos y deslavarse con lavada ligera.

Grados de brillantez de la pintura

Gama de brillos, de izquierda a derecha: Esmalte brillante (*gloss enamel*), un acabado altamente reflejante para áreas donde es importante lavar constantemente. Todas las pinturas brillantes tienden a mostrar imperfecciones superficiales. Los esmaltes a base de alquilos tienen el más alto brillo. El esmalte de látex de brillo medio (*medium-gloss*) ofrece una superficie altamente lavable con un acabado un poco menos reflejante. Igual que los esmaltes brillantes, las pinturas de brillo medio tienden a mostrar defectos superficiales. El esmalte de porcelana (*eggshell enamel*) combina el acabado terso con lo lavable del esmalte. La pintura de látex mate (*flat latex*) para todo uso da un acabado terso que oculta las imperfecciones superficiales.

Lámpara de trabajo

Rodillo de lana de 3/8''

Charola para pintura

Brocha de pintor de 3''

Brocha recta de 2'' para molduras

Brocha en diagonal para molduras

Herramientas y equipo para pintar

La mayoría de los trabajos de pintura se pueden llevar a cabo con unas cuantas herramientas de buena calidad. Compre dos o tres brochas de primera calidad, una charola fuerte para pintura que se pueda sujetar a una escalera de tijera, y uno o dos buenos rodillos. Con una limpieza adecuada, estas herramientas durarán años.

Las brochas hechas con cerdas de puerco o res se deben usar solamente con pintura a base de alquilos. Las brochas para uso general combinan cerdas de poliéster, nailon y a veces cerdas de animales. Elija una brocha de pintor recta de 3'' para las paredes, una brocha recta de 2'' para marcos y molduras y una brocha en diagonal para molduras.

Cómo seleccionar brochas

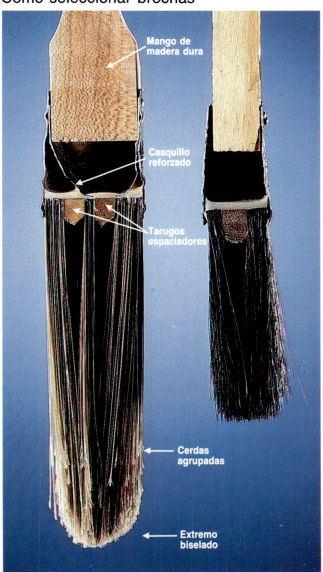

Brocha recta de 3''

Brocha recta de 2'' para molduras

Brocha en diagonal para molduras

Una brocha de buena calidad, ilustrada en corte a la izquierda, tiene mango moldeado de madera dura y una fuerte férula reforzada hecha de metal anticorrosivo. Sus tarugos espaciadores múltiples separan las cerdas. Las brochas de buena calidad tienen las cerdas divididas en grupos y el extremo acuñado para bordear con precisión. Una brocha más barata tendrá la punta roma, las cerdas sin divisiones y un espaciador que se puede aflojar cuando está mojado.

La brocha de extremo recto de 3'' (arriba) es una buena elección para delinear bordes con pintura en techos y rincones. Para pintar acabados en madera, es muy útil una brocha de 2'' para molduras (en medio). Seleccione brochas con puntas biseladas para pintar rincones. Una brocha con el extremo en diagonal para molduras (abajo) puede ayudar cuando se pintan rincones y marcos de ventanas.

Selección de rodillos y accesorios para rodillos

Un buen rodillo para pintar es una herramienta poco costosa que ahorra tiempo y que puede durar muchos años. Elija un rodillo estándar de 9'' con marco de alambre y sujetadores de nailon. El rodillo se debe sentir bien balanceado y debe tener el mango moldeado para ajustarlo a su mano. El mango debe tener también un extremo roscado que permita sujetar una extensión para pintar techos y muros altos.

Las cubiertas de rodillos vienen en una amplia variedad de longitudes de lanilla, pero la mayoría de los trabajos se pueden hacer con uno con lanilla de 3/8''. Seleccione cubiertas de rodillo sintéticas de precio medio que se puedan volver a usar varias veces antes de desecharlas. Las cubiertas de rodillo baratas pueden soltar las fibras sobre la superficie pintada y no se pueden limpiar ni volver a usar. Enjuague todas las cubiertas de rodillos con disolvente para evitar que se deshilachen.

Cuando se use más pintura a base de alquilo, adquiera cubiertas de rodillo de lana de borrego que son más costosas. Las cubiertas de angora son propias para pinturas brillantes alquídicas, cuando lo más importante es lograr una tersura total.

Longitud de la lanilla. Seleccione la cubierta de rodillo apropiada para la superficie que vaya a pintar. Las cubiertas de lanilla de 1/4'' (arriba) se usan para superficies muy planas. Las de 3/8'' (en medio) cubrirán las pequeñas imperfecciones que se encuentran en la mayoría de las paredes y techos planos. Las de 1'' (abajo) llenan los huecos en superficies burdas, como las paredes de bloque de concreto o estuco.

Materiales de las cubiertas. Las cubiertas sintéticas (izquierda) son buenas para la mayoría de las pinturas, especialmente las de látex. Las cubiertas de lana o de angora para rodillos (derecha) dan un acabado uniforme con productos alquídicos. Elija las cubiertas de mejor calidad que no sueltan fibras.

Elija un mango de rodillo fuerte, con estructura de alambre. Los sujetadores de nailon giran suave y fácilmente cuando se rueda la estructura. El extremo del mango debe estar roscado para sujetar una extensión.

Compre una charola para pintura con patas que permitan asentarla en el estante de la escalera de tijera. Una buena charola para pintura resistirá el flexionamiento cuando se tuerza. Busque una con rampa texturada que haga girar fácilmente al rodillo.

Un recipiente para cinco galones y una malla para pintura agilizan el trabajo de pintura en superficies grandes. Cargue el rodillo de pintura directamente en el balde, usando un mango de extensión para el rodillo. No trate de balancear el balde en el estante de la escalera de tijera.

Use un mango de extensión de 1.20 m para pintar techos y muros fácilmente sin escalera.

Herramientas especiales para pintar

El atomizador de pintura sin aire es útil para pintar superficies grandes, o superficies irregulares como las puertas de persiana en armarios o los registros de la calefacción. Todos los atomizadores producen un exceso de rocío, por tanto use ropa de protección y cubra todas las áreas que puedan mancharse. Las piezas movibles se deben pintar en el exterior, o bien en el sótano o la cochera. Si la pintura se rebaja antes de atomizarla se facilitará el uso de la herramienta y su cobertura será más uniforme.

Algunas veces las superficies con ángulos y perfiles poco usuales son difíciles de pintar con rodillos y brochas estándar. Las herramientas especiales facilitan algunos trabajos de pintura. Por ejemplo, las brochas de espuma desechables son excelentes para aplicar una capa uniforme de barniz transparente a elementos de madera muy tersos.

Los rodillos y cubiertas especiales vienen en diversas formas para pintar bordes, rincones y otras aplicaciones únicas.

Una herramienta flexible se puede moldear para penetrar en superficies poco comunes, como en contraventanas o las aletas de los radiadores de hierro colado.

Los guantes para pintar simplifican el trabajo al pintar tubos y otras superficies perfiladas, como el hierro colado.

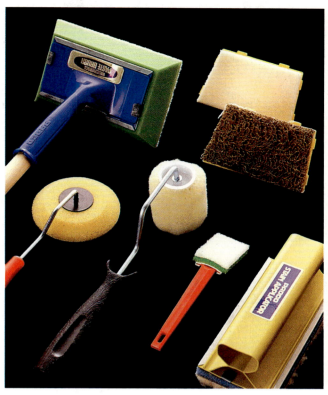

Los cojines para pintar y los rodillos para superficies especiales vienen en una amplia gama de tamaños y formas para satisfacer diferentes necesidades.

La pintura con atomizador de aerosol agiliza la pintura de cualquier cosa pequeña e intrincada, como los registros de la calefacción.

La broca para mezclar pintura se introduce en un taladro eléctrico para batir rápida y fácilmente la pintura. Use un taladro de velocidad variable, a baja velocidad, para evitar la formación de burbujas en la pintura.

Mezcle las pinturas en un balde grande para eliminar las ligeras variaciones de color entre diferentes latas. Revuelva cuidadosamente la pintura con una espátula de madera o con un accesorio de taladro eléctrico. Evi-te que la pintura suba hasta el aro alrededor de la tapa de la lata. Haga varios agujeros con un clavo en el aro de la lata para que la pintura escurra de nuevo a la lata.

Técnicas básicas para pintar

Para obtener un trabajo de apariencia profesional, la pintura se debe esparcir uniformemente sobre las superficies sin chorreaduras, goteado o traslape en otras áreas. El exceso de pintura correrá sobre la superficie y puede chorrear sobre las molduras de madera y los pisos. La pintura escasa y a largos trazos deja marcas de traslape y no cubre por completo.

La pintura con brochas y rodillos es un proceso de tres pasos. Primero se aplica la pintura, luego se distribuye uniformemente y finalmente se alisa para obtener un resultado parejo.

Cómo usar una brocha para pintar

1 Introduzca la brocha hasta un tercio de la longitud de las cerdas. Pase las cerdas contra el borde de la lata. Si se introduce a mayor profundidad la brocha se sobrecarga. Si las cerdas se frotan contra el borde de la lata, las cerdas se desgastan.

2 Delinee los bordes usando el borde estrecho de la brocha, presionando sólo lo suficiente para flexionar las cerdas. Cuide la arista de la pintura y pinte con trazos largos y lentos. Siempre pinte a partir del área seca hacia la pintura fresca, para evitar marcas de traslape.

3 Pinte los rincones de las paredes usando el borde ancho de la brocha. Pinte las áreas abiertas con brocha o rodillo antes de que la pintura del rincón se seque.

4 Para pintar grandes superficies con una brocha, aplique la pintura con dos o tres trazos en diagonal. Mantenga la brocha a un ángulo de más o menos 45 grados para trabajar la superficie, presionando sólo lo suficiente para flexionar las cerdas. Distribuya uniformemente la pintura con trazos horizontales.

5 Alise la superficie pasando verticalmente la brocha de arriba a abajo del área pintada. Haga trazos ligeros y levante la brocha de la superficie hasta el extremo del trazo. Este método es mejor para esmaltes alquídicos de secado lento.

Uso del rodillo para pintar

Las superficies se deben pintar en pequeñas secciones, trabajando desde las superficies secas hacia la pintura fresca para evitar marcas del rodillo. Si un trabajo de pintura dura más de un día, cubra el rodillo apretadamente con película de plástico o guárdelo en un balde de agua durante la noche para evitar que la pintura se seque.

1 Humedezca la cubierta del rodillo en agua (si está pintando con pintura de látex) o en aceites minerales (cuando pinte con esmalte alquídico), para eliminar los hilos sueltos y la base de la cubierta del rodillo. Ex-

prima el exceso del disolvente. Llene el depósito de la charola de pintura. Introduzca totalmente el rodillo en el depósito para cargarlo de pintura.

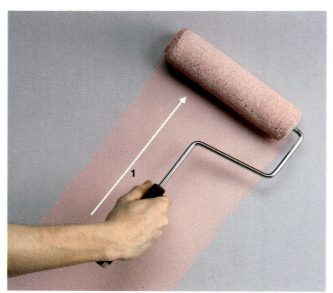

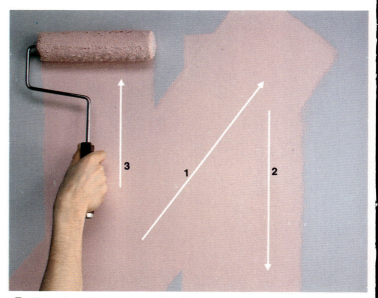

3 Con el rodillo cargado, haga un trazo diagonal (1) de más o menos cuatro pies sobre la superficie. En las paredes ruédelo hacia arriba en el primer trazo para evitar que la pintura chorree. Haga trazos lentos para evitar salpicaduras.

4 Gire el rodillo hacia abajo (2) desde el extremo superior del trazo diagonal. Gire el rodillo hasta el inicio de la diagonal y gire hacia arriba (3) para terminar de descargar el rodillo.

2 Levante el rodillo del depósito de pintura y ruédelo de un extremo a otro de la rampa texturada para distribuir uniformemente la pintura en las fibras de la cubierta. El rodillo debe estar lleno pero no goteando cuando lo saque de la charola de pintura.

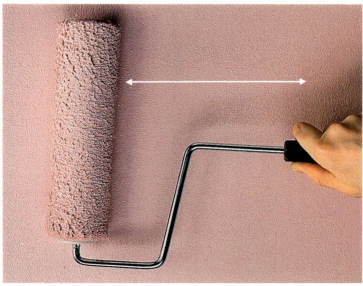

5 Distribuya la pintura en la sección con trazos horizontales de un lado a otro.

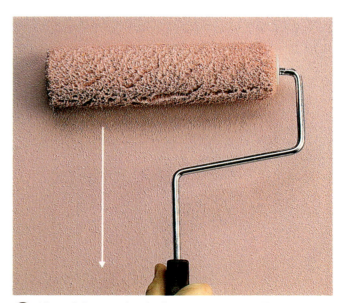

6 Alise el área rodando ligeramente el rodillo en sentido vertical, de arriba a abajo del área pintada. Levante el rodillo y vuelva a la parte superior del área después de cada pasada.

Pintura de molduras

Cuando pinte un cuarto entero, pinte primero las molduras de madera, luego las paredes. Comience pintando la partes internas del marco y trabaje hacia las paredes. En las ventanas, por ejemplo, pinte primero los bordes cercanos al vidrio, luego la cara del marco alrededor.

Las puertas se deben pintar rápidamente por su gran superficie. Para evitar marcas de traslape, pinte siempre desde las superficies secas hacia las húmedas. En rodapiés, corte en el borde superior y trabaje hacia el piso. Las protecciones de plástico para el piso o una espátula ancha pueden servir para proteger la alfombra o el piso de madera de las gotas de pintura.

Los esmaltes alquídicos y de látex pueden requerir dos capas. Siempre lije superficialmente entre las capas y limpie con un trapo para que la segunda capa se adhiera adecuadamente.

Cómo pintar una ventana

1 Para pintar ventanas de guillotina, sáquelas del marco si es posible. Las ventanas más modernas, montadas sobre resortes, se sacan empujándolas contra el marco (flecha).

2 Taladre dos agujeros e inserte dos clavos en las piernas de la escalera de madera y monte la ventana como en un caballete de pintor para facilitar su pintura, o ponga la ventana horizontalmente sobre un banco o burro. No pinte los lados ni la arista de fondo de los bastidores.

3 Con una brocha con puntas cortadas en diagonal, empiece a pintar la madera pegada al vidrio. Use el lado estrecho de la brocha y traslape la pintura hasta el vidrio para formar un sellado contra la intemperie.

4 Limpie el exceso de pintura del vidrio con una espátula cubierta con un trapo limpio. Cambie el forro de la espátula varias veces, de modo que cada pasada sea con la tela limpia. Deje una ceja de 1.6 mm ($1/16$'') de pintura del marco sobre el vidrio.

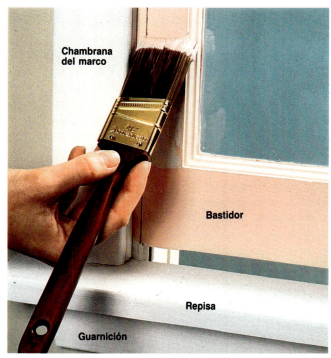

Chambrana del marco

Bastidor

Repisa

Guarnición

5 Pinte las partes planas de los bastidores (1), luego la chambrana del marco (2), la repisa (3) y la guarnición inferior. Haga trazos lentos y evite que la pintura penetre entre el bastidor y el marco.

6 Si usted tiene que pintar ventanas en su lugar, suba la hoja pintada y bájela varias veces durante el periodo de secado para que no se peguen. Utilice una espátula para no tocar la superficie pintada.

Cómo pintar puertas

1 Quite la puerta sacando el pasador de la bisagra inferior con un desarmador y un martillo. Necesita quién le ayude a mantener la puerta en su lugar. Luego saque el pasador de la bisagra superior.

2 Coloque horizontalmente la puerta sobre burros para pintar. En puertas entableradas, pinte en el siguiente orden: 1) los paneles entablerados, 2) los travesaños horizontales y 3) los largueros verticales.

3 Deje secar la puerta. Si necesita una segunda capa de pintura, lije superficialmente y limpie con un trapo antes de volver a pintar.

4 Selle los cantos no pintados de la puerta con un sellador transparente para evitar que penetre la humedad en la madera. El agua puede pandear e hinchar la madera.

Sugerencias para pintar molduras

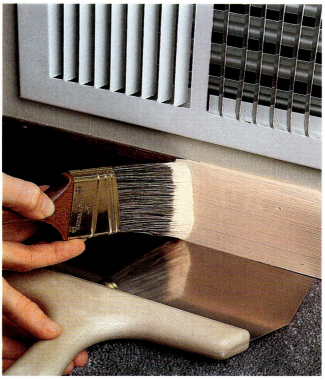

Proteja paredes y pisos con una espátula ancha o con una herramienta de protección de plástico.

Limpie la pintura de la espátula o de la herramienta protectora cada vez que se desplace.

Pinte ambas caras de las puertas de gabinetes. Esto da un sellado parejo contra la humedad y evita que se tuerzan.

Pinte las superficies con grabados profundos con una brocha de cerdas rígidas, como esta brocha estarcidora. Dé trazos cortos y circulares para penetrar en las hendiduras.

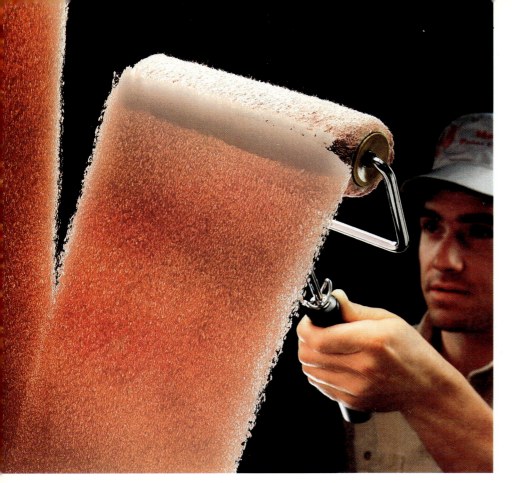

Pintura de techos y paredes

Para obtener un acabado terso en grandes áreas de muros y techos, pinte en secciones pequeñas. Primero use una brocha para pintura para delinear la orilla, luego pinte rápidamente con el rodillo la sección antes de desplazarse. Si las orillas pintadas se dejan secar antes de pintar con el rodillo las superficies grandes, en el muro terminado se verán marcas notables. Si trabaja con luz natural, es más fácil encontrar las áreas omitidas.

Seleccione pinturas y herramientas de calidad y trabaje con toda la brocha o el rodillo para evitar marcas de traslape y asegurar una cobertura completa. La velocidad del rodillo debe ser lenta para reducir al mínimo las salpicaduras de pintura.

Sugerencias para pintar paredes y techos

Pinte hasta el borde fresco. Delinee el borde en una pequeña franja con una brocha antes de pasar el rodillo, luego continúe en la siguiente sección. Si son dos personas las que están pintando, una puede delinear el borde y la otra pintar con el rodillo las superficies grandes.

Reduzca al mínimo las marcas del traslape. Deslice ligeramente la cubierta del rodillo al pintar cerca del límite con el techo o en rincones de paredes. Las áreas pintadas con brocha tienen diferente tiempo de secado que las pintadas con rodillo.

Cómo pintar techos

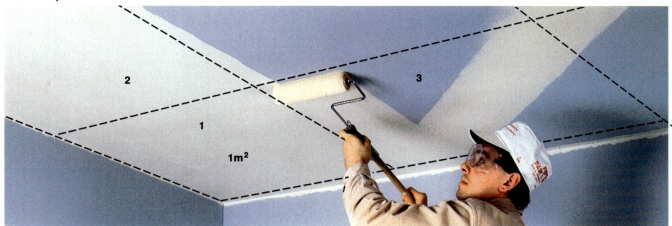

Pinte los techos con un mango de extensión en el rodillo. Protéjase los ojos mientras pinta más arriba de su cabeza. Comience en el rincón más lejano a la puerta de entrada a la habitación. Pinte el techo a lo largo del borde estrecho en secciones de 1 m², delineando los bordes con una brocha antes de pasar el rodillo.

Aplique la pintura en trazos diagonales. Distribúyala uniformemente con pasadas de ida y vuelta. Para dar el acabado liso final, pase el rodillo por cada sección hacia el muro de la entrada de la habitación, levantando el rodillo al final de cada trazo.

Cómo pintar paredes

Pinte las paredes en secciones de .50 × 1 m. Comience por un rincón superior, delineando los rincones del muro y el techo con una brocha, luego pase el rodillo por la sección. Haga el trazo diagonal inicial del rodillo desde abajo hacia arriba, para evitar que la pintura chorree. Distribuya uniformemente la pintura con trazos horizontales, luego termínela con pasadas hacia abajo del rodillo. En seguida, delinee y pinte con el rodillo la sección directamente abajo. Continúe con las áreas adyacentes, delineando y pasando el rodillo por las secciones superiores antes que las inferiores. Todos los trazos de acabado se deben hacer hacia el piso.

Pintura texturada

La pintura texturada ofrece una alternativa decorativa entre otras pinturas y tapices. La variedad de efectos posibles que usted puede lograr, está limitada sólo por su imaginación. Existen en el mercado pinturas texturables en fórmulas de látex premezcladas o en forma de polvo seco. Las pinturas de látex premezcladas para texturar son buenas para producir patrones graneados, pero las texturas de polvo son la mejor elección para crear acabados de adobe o estuco más gruesos. Las texturas en polvo vienen en bolsas de 12 kg y se deben mezclar con agua, usando un taladro eléctrico y una brocha para mezclar pintura.

Practique las texturas en un cartón antes de hacer el diseño que desee. Recuerde que la profundidad de la textura depende de la rigidez de ésta, la cantidad aplicada a la superficie y el tipo de herramienta usado para crear la textura.

Cómo crear texturas con pintura

Produzca un patrón en remolinos con una escobilla. Aplique la pintura texturada con un rodillo, luego use la escobilla para lograr el diseño que desee.

Aplique el material texturado con una llana sobre la superficie y forme riscos con él para crear un diseño de aplanado de adobe.

Frote ligeramente, arrastre o arremoline una esponja sobre la pintura texturada para producir una interminable variedad de diseños de texturas. O bien, deje secar el primer tratamiento, luego aplique otro color con la esponja por las texturas superiores para obtener un efecto de estuco de dos tonos.

Use un rodillo de fibra larga para hacer este efecto de textura graneada. Para obtener diferentes diseños, varíe la presión sobre el rodillo y la cantidad de pintura texturada sobre la superficie.

Produzca este diseño de pata de cuervo aplicando la pintura texturada con un rodillo, cepillándolo a nivel y luego golpeando aleatoriamente la superficie con la cara lateral de la brocha.

Presione el lado plano de la llana sobre la textura y levántela para crear un diseño de estampado.

Aplane el diseño de la pintura texturada cuando haya secado parcialmente, para aplanar los picos y lograr un diseño de brocado. Limpie la llana entre las pasadas con una brocha o esponja mojada.

Limpieza

Al terminar un trabajo de pintura, usted debe decidir si desecha las cubiertas de rodillo, pero las charolas, los mangos de rodillo y las brochas para pintura se pueden limpiar y guardar para uso futuro. Las chorreaduras dispersas de pintura se pueden quitar si están frescas aún. Con una espátula o navaja de rasurar se pueden quitar las manchas de pintura secas sobre acabados de madera o vidrio. Quite la pintura pegada en la mayoría de las superficies con un limpiador químico.

Use una herramienta giratoria para eliminar la pintura y el disolvente. Lave el forro del rodillo o cepíllelo con disolvente, luego sujételo a la herramienta giratoria. Bombee el mango para sacar el líquido de la cubierta del rodillo o de la brocha. Mantenga la herramienta dentro de una caja de cartón o una cubeta de 5 galones para recoger la pintura y evitar salpicaduras.

Productos limpiadores, de izquierda a derecha: limpiador químico, herramienta giratoria o espineta, herramienta para limpiar brochas y forros de rodillos.

Consejos de limpieza

Peine las cerdas de la brocha con el lado dentado de la herramienta para limpiar. Con esto se alínean las cerdas para secarse apropiadamente.

Raspe la pintura del forro del rodillo con el lado curvo de la herramienta para limpiar. Elimine tanta pintura como sea posible antes de lavar las herramientas con disolvente.

Guarde las brochas en sus envolturas originales, o envuelva las cerdas en papel de envoltura café. Guarde las cubiertas de rodillo apoyadas en un extremo para evitar que se aplanen las fibras.

Quite las manchas secas con limpiador químico. Antes de usar el limpiador, pruébelo en una parte poco notable para asegurarse de que la superficie no se decolorará.

Tapicería de muros

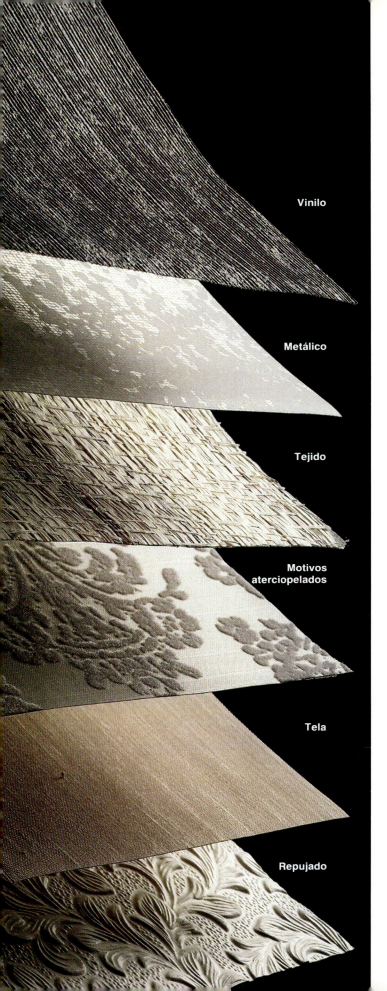

Vinilo

Metálico

Tejido

Motivos
aterciopelados

Tela

Repujado

Selección del tapiz adecuado

Muy pocos tapices modernos están hechos realmente de papel. Los tapices modernos están hechos de vinilo o tela laminados con vinilo o con tela, textiles, fibras vegetales, metálicos o de mylar. Los tapices de vinilo o laminados con vinilo son los más fáciles de colocar, limpiar y quitar. Otros tipos de tapices para muros pueden dar a las habitaciones una apariencia singular, pero pueden requerir una colocación especial. Su elección del tapiz depende de las necesidades de la habitación y de su confianza y habilidad.

Tipos de tapices para muros

Los tapices **vinílicos** están hechos de una película flexible y continua aplicada, a menudo, sobre una base de tela o papel. Algunos vinilos reproducen acertadamente el efecto de un tapiz de fibras naturales o de tela. Ya que son fáciles de colocar, limpiar y quitar, los tapices de vinilo preengomados son una buena elección.

Los **metálicos** o de mylar están recubiertos con una película metálica delgada y flexible. Estos tapices altamente reflejantes agregan brillantez a cualquier cuarto, pero requieren una colocación cuidadosa. Los tapices metálicos también revelan todos los defectos de las paredes, por tanto, la preparación de éstas debe ser perfecta.

Los **tejidos** son tapices importados en los que se usan fibras vegetales naturales. Puesto que reflejan poca luz, los tejidos suavizan la apariencia de una habitación. También son una buena opción para paredes irregulares o con defectos. Colóquelos con adhesivo transparente. Nunca use agua para lavarlos.

Los tapices **aterciopelados** tienen diseños de fibras en relieve que sugieren la apariencia del terciopelo. Evite cepillarlos cuando se colocan y nunca use rodillo para alisarlos.

Los tapices de **tela** están hechos de textiles tejidos. Las telas son fáciles de colocar porque no tienen motivos que se tengan que empatar o casar, pero sí son difíciles de limpiar.

Los tapices **repujados** tienen un diseño estampado con relieve y dan una apariencia formal y elegante. Para colocarlos, nunca debe usar el rodillo empatador; se pueden dañar fácilmente.

Sugerencias para la elección del tapiz para muros

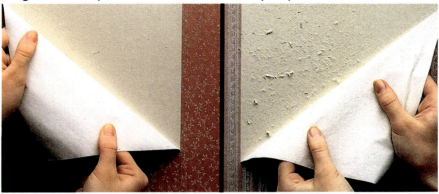

Desprendibles: Los tapices despegables (izquierda) se pueden quitar a mano, dejando poco o nada de película o residuo. Los tapices desprendibles (derecha) se pueden arrancar, pero tal vez dejen una delgada capa de papel en la pared, la cual se puede desprender con agua y jabón. Revise el revés de la muestra o el empaque del tapiz para saber con qué facilidad lo despegará. Elija un producto fácil de despegar para facilitar la redecoración futura.

Lavables: Los tapices lavables se pueden limpiar con jabón suave, agua y una esponja. Los tapices lavables con cepillo o estropajo son los suficientemente durables para restregarlos con un estropajo suave. Elija tapices lavables para las áreas de uso intenso.

Colocación: Los tapices preengomados (izquierda) vienen recubiertos de fábrica con un adhesivo a base de agua, que se activa cuando el tapiz se moja en una charola de agua. Los tapices sin pegamento (derecha) se deben recubrir con un adhesivo para colocarlos. Los productos preengomados actuales también son más fáciles de preparar y son tan durables como los que necesitan una capa de adhesivo.

Lote de teñido: Anote como referencia los números del lote de teñido. Si necesita usted rollos adicionales, haga su pedido del mismo lote de teñido para evitar las ligeras variaciones de color.

Empaque: Los tapices para muros se venden en tubos de uno, dos o tres rollos continuos.

Motivos del estampado: Los motivos grandes siempre implican mayor desperdicio. Un tapiz con un estampado grande puede ser más costoso de colocar que uno de motivos pequeños y repetidos. Con los diseños grandes, también puede ser difícil evitar interrupciones obvias del dibujo en zoclos y esquinas.

Medición y cálculo del tapiz

Con unas cuantas medidas de la habitación y con la información que viene en el paquete del tapiz, usted puede calcular la cantidad exacta de tapiz que debe comprar. El procedimiento que se da a continuación le ayudará a calcular los metros cuadrados de las paredes y techos y le enseñará a saber la cobertura por rollo de tapiz.

Por el desperdicio normal que se hace en los marcos, la cobertura por rollo de tapiz será cuando menos del 15% menos que la cobertura que se indica en el paquete. El porcentaje de desperdicio puede ser mayor, dependiendo de cuánto espacio haya entre cada motivo del diseño del tapiz. Esta medida de "repetición del diseño" está indicada en el paquete del tapiz. Usted puede compensar este factor de desperdicio extra, sumando la medida de repetición del diseño a la medida de la altura de las paredes de la habitación.

Mida la habitación: Paredes: Mida la **longitud** de la pared con la medida más aproximada al siguiente ¼ del metro. (Sume las longitudes de todas las paredes para saber el **perímetro,** si va a tapizar todas las paredes.) Incluya los vanos de ventanas y puertas en las medidas de las paredes. Mida la **altura** de las superficies que va a cubrir y redondee hasta el siguiente medio metro. No incluya zoclos ni molduras de cabeceras de marcos en las medidas de altura. **Techos:** Mida la **longitud** y el **ancho** del techo hasta el ¼ de metro más cercano.

Cómo medir superficies poco comunes

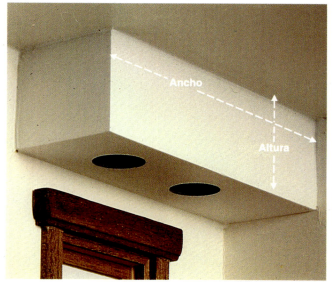

Plafones. Si se cubren todos los lados de un plafón, sume el ancho y la altura a la medida de la pared o del techo.

Muros triangulares: Mida como si la superficie fuera cuadrada: longitud por altura.

Cómo calcular la cobertura por rollo real

1) Cobertura total por rollo (metros cuadrados)		
2) Ajuste por factor de desperdicio	x .85	
3) Cobertura real por rollo (metros cuadrados)	=	

Cómo calcular los rollos necesarios para un techo

1) Longitud de la habitación (metros)	
2) Repetición del diseño del tapiz (metros)	+
3) Longitud ajustada (metros)	=
4) Ancho de la habitación (metros)	×
5) Área del techo (metros cuadrados)	=
6) Cobertura real por rollo (ya calculada; metros cuadrados)	÷
7) Número de rollos necesarios para el techo	=

Cómo calcular el número de rollos necesario para las paredes

1) Altura de las paredes (metros)	
2) Repetición del diseño del tapiz (metros)	+
3) Altura ajustada (metros)	=
4) Longitud de las paredes o perímetro de la habitación (metros)	×
5) Área de paredes (metros cuadrados)	=
6) Cobertura real por rollo (ya calculada; metros cuadrados)	÷
7) Cantidad de rollos	=
8) Agregue un rollo por cada arco o ventana remetido	+
9) Cantidad de rollos necesarios para las paredes	=

En el empaque del tapiz o en el muestrario se da la cobertura por rollo en metros cuadrados y la medida de repetición del dibujo.

Balde para pintura

Esponja natural

Charola para agua

Charola para pintura y rodillo

Regla con nivel

Brochas para alisar

Herramienta para alisar

Espátula ancha

Rodillo empatador

Cutter de navajas recortables

Tijeras para tapicería

Herramientas para tapizar

Muchas de las herramientas necesarias para colocar tapiz para muros son artículos de uso común que usted puede tener ya. Tenga a la mano varios lápices #2 y un sacapuntas para marcar con precisión los cortes del tapiz. Nunca use marcadores de tinta ni bolígrafos, porque la tinta puede manchar el tapiz cuando se humedezca.

Use una regla con nivel o nivel del carpintero para establecer las líneas a plomo y como regla recta para cortar. No use gis: puede ensuciar el tapiz nuevo o filtrarse por las uniones. Corte los recubrimientos con una cuchilla de hojas desechables. Compre recipientes de pintura anticorrosiva para el agua de lavado y use una esponja natural o de plástico de alta calidad para evitar dañar el tapiz.

Los pegamentos para tapiz se pueden aplicar con un rodillo para pintura ordinario, pero se necesitará una herramienta para alisar y aplanar las tiras de tapiz al colocarlas y un rodillo empatador para unir las juntas entre tiras. Pida a su distribuidor las herramientas adecuadas para tapizar muros.

Los cepillos para alisar vienen en diferentes longitudes de fibras. Para alisar un tapiz vinílico, use un cepillo de fibra corta. Para tapices aterciopelados y tejidos pajosos, use un cepillo de fibras largas.

La cuchilla cutter se usa para cortar el tapiz a tope con techos, rodapiés, esquinas, ventanas y puertas. Renueve a menudo las puntas para evitar rasgar y desgarrar el tapiz.

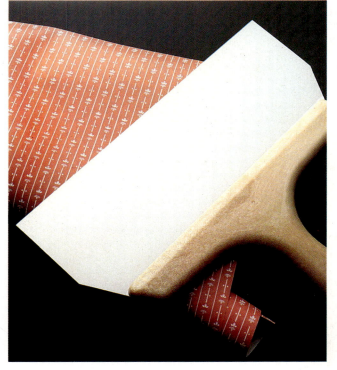

La espátula ancha sujeta tensamente el tapiz mientras se cortan los traslapes en esquinas y contramarcos de ventanas y puertas. Para rincones complicados puede funcionar mejor una espátula más angosta.

(continúa en la siguiente página)

Herramientas para la tapicería de muros (continúa)

Se usa una **regla o nivel de carpintero** para marcar líneas verticales a plomo y dobles como regla para marcar líneas. Use un nivel en vez de una línea con gis: el gis puede trasminarse por las uniones de las tiras de tapiz.

Use tijeras de tapicería para recortar el tapiz en la unión entre los tapices de pared y techos. La navaja puede cortar la tira subyacente del techo.

La mesa para tapicería proporciona una superficie de trabajo plana. Las tiendas de tapices para muros prestan o rentan mesas; o bien, haga la suya colocando una hoja de madera laminada sobre burros.

Sujete firmemente una regla contra la tira de tapiz plegada y corte con la navaja para formar tiras parciales para las esquinas. Mantenga recta la navaja mientras corta la tira.

La charola de tapicería contiene agua para mojar las tiras de tapiz preengomado.

Para lavar hacia abajo las tiras de tapiz se usan esponja y balde. Use una esponja natural o sintética de buena calidad.

El rodillo para pintura o la brocha para pegamento se usan para aplicar el pegamento en el revés de las tiras de tapiz sin pegamento.

Materiales para tapicería de muros

Antes de colocar el tapiz para muros, las superficies de éstos se deben sellar y recubrir con apresto para evitar que los pegamentos penetren en la pared. Las bases selladoras actuales cumplen ambas funciones con una sola aplicación.

Si el tapiz no está preengomado, necesitará uno o más tipos de pegamento. Para la mayoría de los tapices de vinilo o con base de vinilo, elija un pegamento vinílico premezclado resistente que contenga algún inhibidor de moho. Los tapices de vinilo también necesitan un pegamento de vinilo sobre vinilo para áreas donde se traslapan las tiras de tapiz, como en las esquinas de los muros y los marcos.

Cuando coloque tapices especiales, seguramente también necesitará adhesivos especiales. Por ejemplo, los tejidos de fibras naturales requieren un pegamento transparente que no se trasmine ni manche las fibras. Revise la etiqueta del tapiz o pregunte a su distribuidor sobre los pegamentos adecuados para su aplicación.

La base selladora de látex sella y empareja las paredes de una sola aplicación. Se puede adquirir en polvo o en forma premezclada.

El adhesivo vinílico de alta resistencia se usa para colocar tapices vinílicos o con base de vinilo.

El pegamento de vinilo sobre vinilo sujeta las uniones de ceja en tapices de vinilo. Se usa también para aplicar ribetes de vinilo sobre tapices de vinilo.

Haga un esquema de las uniones. Las uniones no empatadas se deben hacer en áreas poco notables, como detrás de la puerta.

Plan de colocación

Cuando coloque tapices con estampados, habrá uniones en que una tira completa se junte con una tira cortada. El diseño, por lo general, no casará en ese punto. Planee esta unión dispareja en un rincón poco notable, por ejemplo, detrás de una puerta o arriba de una entrada.

Bosqueje las líneas de unión antes de empezar. Evite colocar uniones difíciles de empatar o casar. El trabajo se complica con uniones que quedan cerca de un borde de ventana o de una chimenea. En los rincones, los tapices siempre deben traslaparse ligeramente sobre la pared opuesta. Si una o más uniones quedan en un mal lugar, ajuste la línea de plomo unos cuantos centímetros para compensarla.

Sugerencias para planear las uniones de tiras

Planee las uniones que no empaten. Si la habitación no tiene un punto central de interés obvio, comience en la esquina más alejada de la entrada. Mida una distancia igual al ancho de la tira de tapiz y marque un punto. Trabaje en ambas direcciones y marque los puntos donde irán las uniones.

Empiece en el punto central de interés de la habitación, como en una chimenea o en una gran ventana. Centre una línea a plomo en ese punto, luego marque el plan del tapiz en ambas direcciones a partir del punto central.

Ajuste las esquinas que quedan exactamente en líneas de unión de tiras. Asegúrese de tener cuando menos un traslape de 1.5 cm (1/2'') en los rincones interiores y de 2.5 cm (1'') en las esquinas hacia afuera.

Ajuste las uniones que quedan en lugares difíciles, como cerca del borde de ventanas o puertas. Cambie su punto de inicio para que las uniones tengan un ancho aceptable para colocar el tapiz alrededor de obstáculos.

Planee el tapiz del techo para que cualquier interrupción del estampado quede en el lado menos conspicuo de la habitación. Las interrupciones del estampado ocurren en la última tira colocada en el techo, por tanto, empiece a colocarlo por el lado opuesto a la entrada del cuarto.

Enrolle de nuevo el tapiz con el dibujo por dentro. Inspeccione la superficie estampada por si tiene defectos de color o diseño. Devuelva los rollos defectuosos a su proveedor.

Técnicas básicas para tapizar

Por durabilidad y facilidad de aplicación, elija siempre que sea posible un tapiz de vinilo preengomado de buena calidad. Saque de la habitación todos los muebles que se puedan mover fácilmente y coloque periódicos o telas al pie de las paredes. Para trabajar mejor, rente una mesa para tapicería o use cualquier superficie plana y elevada. Desconecte la electricidad y cubra las cajas de luz con cinta para cubrir para que no les entre agua ni pegamento. Trabaje con luz diurna y asegúrese de que cada tira de tapiz esté perfectamente colocada antes de proseguir con la siguiente. Necesitará ayuda, sobre todo al tapizar los techos.

Sugerencia: Algunos tapices de calidad superior tienen bordes no impresos (llamados ''orillos'') que protegen el rollo. Los orillos se deben cortar de la tira de tapiz con una cuchilla y una regla antes de colocarlos. Los orillos pueden tener una guía impresa para su corte preciso.

Cómo manejar las tiras de tapiz

1 Llene de agua tibia hasta la mitad de la charola. Enrolle flojamente la tira cortada con el dibujo por dentro. Moje el rollo en la charola y siga las instrucciones del fabricante, por lo general durante 1 minuto.

Cómo medir y cortas las tiras del tapiz

1 Sujete el tapiz contra la pared. Asegúrese que queda un motivo completo en el límite con el techo y que el tapiz sobrepase el techo y el zoclo cuando menos 5 cm (2''). Corte la tira con tijeras.

2 Para colocar las tiras siguientes, haga casar el diseño con la tira previamente colocada, luego mida y corte una nueva tira 5 cm (2'') más larga en cada extremo.

Cómo manejar el tapiz sin pegamento

2 Sujete con ambas manos un extremo de la tira y levántela del agua. Observe el lado engomado para asegurarse de que esté mojado uniformemente. Pliegue la tira como se indica en la página 102.

Coloque la tira con el lado estampado hacia abajo sobre la mesa de tapicería o sobre una superficie plana. Aplique uniformemente el pegamento en la tira, usando un rodillo para pintura. Limpie cualquier mancha de pegamento de la mesa antes de preparar la siguiente tira.

Cómo plegar las tiras del tapiz

Pliegue el tapiz doblando ambos extremos de la tira hacia el centro, con el lado engomado por dentro. No aplane los pliegues. Deje reposar (curar) la tira durante 10 minutos más o menos. Algunos tapices no se deben plegar: siga las instrucciones del fabricante.

Para las tiras del techo o para ribetes de tapiz, use un plegado en forma de acordeón. Para manejarlo con facilidad doble en zig zag la tira con el lado engomado por dentro. Deje reposar la tira (curar) durante 10 minutos más o menos.

Cómo colocar y alisar el tapiz

1 Despliegue la tira doblada y colóquela suavemente con el borde a tope contra la línea a plomo o la línea de la tira anterior. Use las palmas de las manos para deslizar la tira precisamente a su lugar. Aplane la parte superior de la tira con un cepillo alisador.

2 Comenzando en la parte superior, alise el tapiz desde el centro hacia afuera en ambas direcciones. Cuide que no queden burbujas y asegúrese de que las uniones estén a tope apropiadamente. Si es necesario, quite la tira y vuelva a colocarla.

Cómo cortar el tapiz en las orillas

1 Sujete el tapiz contra la moldura o contra el techo con una espátula ancha. Corte el sobrante con una navaja filosa. Mantenga la navaja en el mismo sitio mientras cambia de posición la espátula.

2 En techos tapizados, aplane las tiras de la pared con una espátula ancha, luego corte el vértice con las tijeras. Si lo hace con la navaja, el filo puede atravesar hasta la tira del techo.

Cómo alisar las uniones con el rodillo

Cómo eliminar el pegamento del tapiz

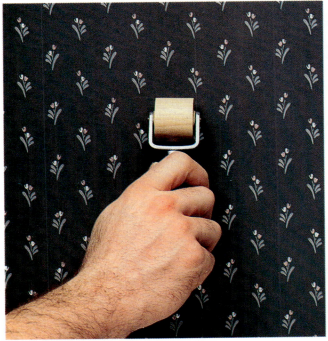

Deje reposar las tiras colocadas durante media hora más o menos. Pase suavemente el rodillo sobre las uniones. No presione el adhesivo para que no se salga. El rodillo empatador no se debe utilizar en tapices con motivos aterciopelados, ni en hojas metálicas, ni telas, ni repujados: una suavemente las uniones con un cepillo para alisar.

Use agua limpia y una esponja para lavar el adhesivo de la superficie. Cambie el agua a cada 3 o cuatro tiras. No deje que el agua corra por las uniones. En tapices aterciopelados, tejidos y telas no se debe usar agua.

Colocación de tapices especiales

Los tapices especiales pueden agregar nuevo interés a una habitación, pero la mayoría de éstos requieren técnicas especiales de colocación. Los tapices reflejantes, como las hojas metálicas y las de mylar, pueden dar luz incluso a las habitaciones más oscuras, pero las paredes deben estar perfectamente lisas antes de colocarlos. Los tapices de tela o tejidos pueden suavizar y ocultar desperfectos en paredes irregulares, pero es difícil mantenerlos limpios.

Para muros muy ásperos hay que considerar que se necesita un papel para forrarlos antes de colocar el tapiz. Las tiras de papel de forro se colocan horizontalmente para que las uniones del tapiz no se traslapen con las del forro.

Siga siempre las instrucciones del fabricante al colocar tapices especiales y haga cuidadosamente su selección porque pueden ser muy costosos.

Técnicas especiales para colocar hojas metálicas

Aplique papel de forro para crear una base lisa en superficies burdas o irregulares que vaya a tapizar, como son los tableros, superficies texturadas o de mampostería.

Maneje cuidadosamente las hojas metálicas. No doble ni arrugue las tiras y asegúrese de aplanar todas las burbujas inmediatamente durante la colocación.

Use un cepillo suave para alisar y evitar rasguñar o lustrar la superficie reflejante. No enrolle las orillas de unión: aplánelas suavemente con un cepillo alisador para unirlas.

Técnicas especiales para materiales aterciopelados y tejidos

Use un pegamento transparente o engrudo tradicional, siguiendo las instrucciones del fabricante. El pegamento transparente no se trasmina ni mancha las superficies de tapices de tela. Para algunos tapices, el fabricante sugerirá aplicar el adhesivo a las paredes, en vez de a las tiras.

Use un cepillo para pintura seco y de pelo suave, o un cepillo suave de cerdas naturales para alisar tapices aterciopelados o de tela. Las cerdas rígidas de un cepillo pueden dañar la superficie del tapiz.

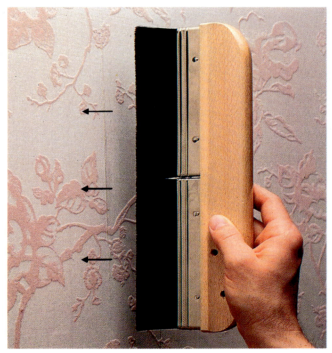

Aplane las uniones con un cepillo para alisar, o bien, con los dedos para pegar las juntas. No use rodillo para uniones en tapices aterciopelados, telas y otros especiales.

Evite, si es posible, que el adhesivo entre en contacto con la superficie aterciopelada o de tela. Quite de inmediato el adhesivo fresco y séquelo con una esponja ligeramente húmeda.

Cómo tapizar un techo

1 Mida el ancho de la tira de tapiz y reste 1.5 cm (¹/₂''). Cerca del rincón, mida la distancia a partir de la pared hacia varios puntos y márquelos con lápiz sobre el techo.

Tapicería de techos y paredes

El tapizar un plafón se facilita si tiene a otra persona que le ayude. Su ayudante puede sujetar un extremo de las tiras dobladas en forma de acordeón.

Para manejar el tapiz seco, póngase talco en las manos para evitar mancharlo. Al planear un trabajo en un techo, recuerde que el diseño o patrón de la última tira de tapiz puede quedar cortado en el límite con la pared. Como el rincón menos visible del techo es usualmente la pared de entrada, la colocación se debe empezar por el rincón más lejano a aquélla y trabajar hacia la entrada.

Si planea cubrir paredes y techos, recuerde que el diseño de las tiras del techo se pueden doblar perfectamente sólo en una pared. Planee el trabajo del techo de modo que las tiras se doblen sobre la pared elegida para ''empatar''

4 Corte una cuña pequeña del tapiz en el rincón para que la tira se extienda sin dobleces. Presione el tapiz hacia el rincón con una espátula ancha.

2 Tomando las marcas como guía, trace una línea a lo largo del techo con un lápiz y una regla. Corte y prepare la primera tira de tapiz (página 100).

3 Trabaje en secciones pequeñas y coloque la tira alineándola con la guía. Deje una ceja de 1.5 cm (¹/₂'') sobre la pared lateral y una de 5 cm (2'') en la pared del extremo. Aplane la tira con un cepillo alisador a medida que avance en el trabajo. Corte cada tira después de alisarla.

5 Si va a tapizar también la pared del extremo, corte la ceja del plafón a 1.5 cm (¹/₂''). Deje 1.5 cm (¹/₂'') de traslape sobre las paredes que vaya a tapizar con el mismo diseño de tapiz.

6 En las paredes que no vaya a tapizar, corte el exceso colocando una espátula ancha sobre el vértice y pasando por él una navaja. Continúe colocando las tiras, uniendo a tope las juntas para que empate el patrón de diseño.

Cómo tapizar paredes

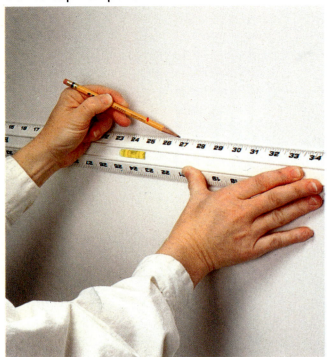

1 Mida desde la esquina una distancia igual al ancho del tapiz menos 1.5 cm (1/2''), y marque un punto. Trace las líneas de unión y ajústelas si es necesario (véase Plan de colocación en las páginas 98-99).

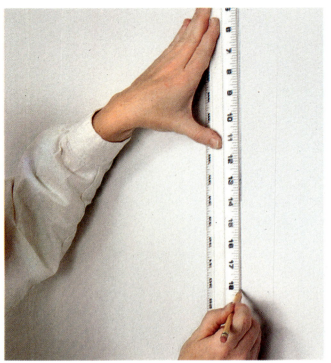

2 Trace una línea a plomo en el punto marcado, usando una regla con nivel. Para las paredes que deben empatar con el estampado del tapiz del techo, trace una línea recta a plomo hacia abajo de la primera unión con el techo.

3 Corte y prepare la primera tira (página 100). Primero, despliegue la parte superior de la tira doblada. Coloque la tira sobre la línea vertical a plomo, de modo que la tira sobrepase el vértice del techo por aproximadamente 5 cm (2''). Asegúrese de que quede un motivo de diseño completo en el vértice del techo.

4 Corte con las tijeras la esquina superior de la tira para que el tapiz se doble en la esquina sin arrugarse. Use las palmas de las manos para deslizar hasta su posición correcta la tira, con el borde a tope con la línea a plomo. Aplane la tira con un cepillo alisador.

5 Despliegue la parte inferior de la tira y con las palmas de las manos colóquela en su lugar en la línea a plomo. Aplane la tira con un cepillo alisador. Cuide que no queden burbujas.

6 Corte el tapiz sobrante con una navaja filosa. Si va a tapizar el techo, doble el borde de la tira del muro con una espátula ancha y luego corte a lo largo con las tijeras para evitar daños al tapiz. Lave el adhesivo de la superficie.

7 Coloque las demás tiras haciendo que el diseño coincida en las uniones. Deje reposar las tiras durante una media hora, luego use un rodillo empatador para aplanar ligeramente las uniones. En telas y terciopelos, pase suavemente el cepillo de alisar por las uniones.

8 Desconecte la electricidad para colocar el tapiz sobre interruptores y contactos eléctricos. Haga pequeños cortes en diagonal con la navaja, para descubrir el contacto. Corte el tapiz por las orillas de la abertura, con la navaja y la espátula ancha.

Cómo tapizar alrededor de un rincón interior

1 Corte y prepare una tira entera (página 100). Mientras se "cura" la tira, mida desde el borde de la tira anterior hacia el rincón en las partes inferior, media y superior de la pared. Agregue 1.5 cm (1/2'') a la mayor de estas medidas.

2 Alinee las orillas de la tira plegada. Comenzando en la orilla, mida en 2 puntos una distancia igual a la medida tomada en el Paso 1. Sujete la regla sobre los dos puntos marcados y corte la tira de tapiz con una navaja.

3 Coloque en su sitio la tira sobre la pared haciendo que el diseño coincida con el de la tira anterior y traslapándola hasta el techo por 5 cm (2''). Con las palmas de las manos, aplane cuidadosamente las uniones de las tiras. La tira sobrepasará un poco la pared no tapizada.

4 Haga pequeños cortes en las partes superior e inferior de la tira para que ésta se doble y cubra el rincón sin arrugarse. Aplane la tira con un cepillo alisador, luego corte el sobrante en el techo y el zoclo.

5 Mida el ancho de la tira restante. Marque esta distancia desde el rincón hacia el muro descubierto y márquela con un lápiz. Trace una línea a plomo desde el techo hasta el piso de la pared nueva, usando una regla con nivel.

6 Coloque la tira sobre la pared con la orilla cortada hacia el rincón y el borde original de fábrica sobre la línea a plomo. Presione la tira hasta aplanarla con un cepillo alisador. Corte en la línea del techo y del zoclo.

Cómo tapizar alrededor de una esquina hacia afuera

7 Si el tapiz es de vinilo, desprenda la orilla y aplique pegamento de vinilo sobre vinilo para unir la junta. Presione la unión hasta aplanarla. Deje reposar las tiras durante media hora más o menos, luego pase el rodillo por las juntas y limpie con una esponja húmeda.

Las esquinas hacia afuera por lo general se pueden tapizar doblando el tapiz sin necesidad de cortar la tira y trazar una nueva línea a plomo. Si la esquina no está a plomo, siga las instrucciones para los rincones, sólo que agregue 2.5 cm (1'') a las medidas del Paso 1 para que quede un doblez más ancho.

El tapiz alrededor de ventanas y puertas

No intente cortar las tiras de tapiz para ajustarlas previamente a la forma de las ventanas y las puertas. Coloque una tira completa que traspase el marco, luego alise la tira antes de ajustarla a los bordes del marco de la puerta o la ventana. Haga cortes diagonales para ajustar el tapiz alrededor de esquinas rectas. Para evitar dañar la madera en estos cortes diagonales, use tijeras en vez de una navaja.

Si hay que colocar tiras cortas directamente arriba o abajo de vanos de puertas o ventanas, asegúrese que estén perfectamente verticales para que el diseño de la tira empate bien con la siguiente tira completa. No corte las tiras cortas hasta haber colocado la última tira completa siguiente, esto permite hacerles pequeños ajustes en caso de que no empate bien el diseño.

Cómo tapizar alrededor de ventanas y puertas

1 Coloque la tira en la pared directamente sobre el marco de la ventana. Una a tope la junta cuidadosamente con el borde de la tira anterior.

2 Alise las áreas planas del tapiz con un cepillo alisador. Presione tensamente la tira contra el marco.

3 Con las tijeras, corte diagonalmente desde la orilla de la tira hacia la esquina del marco. Haga cortes similares en la esquina inferior, si está tapizando todo el rededor de la ventana.

4 Con las tijeras corte el sobrante del tapiz dejando 2.5 cm (1'') alrededor del interior del marco. Alise el tapiz y presione hasta eliminar las burbujas a medida que trabaja.

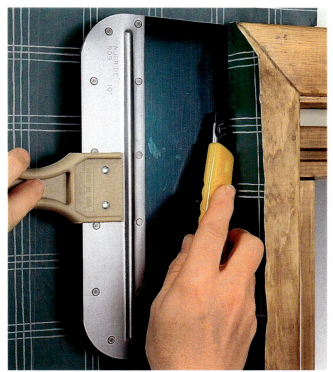

5 Sujete el tapiz contra el marco con una espátula ancha, y corte el sobrante con una navaja. Corte los traslapes en el techo y el zoclo. Limpie el tapiz y el marco con una esponja húmeda.

6 Corte tiras cortas para las secciones arriba y abajo de la ventana. Elija pedazos que coincidan con el dibujo y ajuste estos espacios. Asegúrese de que las tiras cortas queden perfectamente verticales a fin de que el diseño coincida con el de la siguiente tira.

(Continúa en la página siguiente)

Cómo tapizar alrededor de ventanas y puertas (continúa)

7 Corte y prepare la siguiente tira entera. Colóquela sobre la pared con el borde a tope con el de la tira anterior para empatar el dibujo.

8 Corte con las tijeras diagonalmente las esquinas inferior y superior a partir del borde interior de las esquinas del marco. Corte los sobrantes del tapiz hasta más o menos 2.5 cm (1'') alrededor del interior del marco de la ventana o puerta.

9 Haga coincidir el dibujo de la mitad inferior de la tira. Corte con tijeras el sobrante de tapiz dejando 2.5 cm (1''). Aplane la tira con un cepillo alisador.

10 Presione el tapiz contra el marco con una espátula ancha, y corte el sobrante con una navaja. Corte los sobrantes en las líneas del techo y el zoclo. Limpie el tapiz y el marco con una esponja húmeda.

Cómo tapizar una ventana con rebajo

1 Coloque las tiras de tapiz de modo que sobrepasen el rebajo. Alise las tiras y corte el sobrante en el rodapié y el techo. Para doblar las partes inferior y superior del rebajo, haga un corte horizontal en el punto medio hasta 1.5 cm (½'') de la pared.

2 A partir del corte horizontal (Paso 1), haga cortes verticales hacia las partes superior e inferior del rebajo. Haga pequeños cortes diagonales en las esquinas del rebajo.

Corte en diagonal

3 Doble las cejas superior e inferior del tapiz hacia adentro de las superficies del rebajo. Alise las tiras y corte el borde del fondo. Doble el borde vertical alrededor de la esquina. Si es necesario, tapice alrededor de la ventana (páginas 112-113).

4 Mida, corte y prepare una tira que coincida con el diseño del tapiz para cubrir las superficies laterales del rebajo. Las piezas de los lados deben sobrepasar ligeramente las partes superior e inferior del rebajo y el borde vertical doblado. Use adhesivo de vinilo sobre vinilo para pegar las uniones traslapadas.

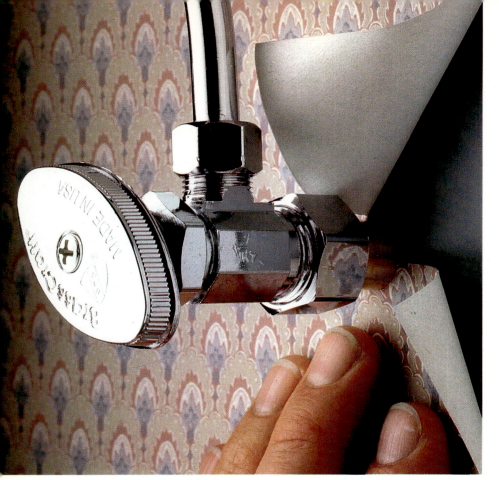

El tapiz alrededor de tubos, radiadores y artefactos

Para la colocación de tapices alrededor de tarjas, tubos y otros obstáculos, es necesario cortar las tiras del tapiz. Sujete la tira de modo que el diseño case con el siguiente y haga un corte desde la orilla del tapiz más cercana al obstáculo. Si es posible haga el corte a lo largo de una línea del dibujo para ocultarlo. Al final del corte horizontal, recorte el papel de modo que coincida exactamente con la forma del obstáculo. En tarjas o lavabos empotrados en la pared, remeta pequeños traslapes del tapiz por atrás del lavabo o tarja.

Cómo tapizar alrededor de un tubo

Escudete

1 Separe el escudete de la pared. Sujete contra la pared la tira de tapiz para que el dibujo coincida con el de la tira anterior. Desde la orilla más cercana de la tira, haga un corte recto hasta llegar al tubo.

2 Presione la tira hasta aplanarla contra el tubo con un cepillo alisador.

3 Corte un agujero al final del corte y alrededor del tubo. Una a tope los bordes del corte y cepille para alisar

Cómo tapizar alrededor de un lavabo empotrado en la pared

1 Alise con el cepillo la tira de tapiz hasta la orilla del lavabo. Haga cortes horizontales en el tapiz, dejando una ceja de 6 mm (¹/₄'') en las partes inferior y superior del lavabo.

2 Corte el tapiz alrededor del lavabo, dejando un traslape pequeño.

3 Alise el tapiz. Meta el tapiz sobrante sobre la unión del lavabo con la pared, si es posible, o bien, córtelo.

Cómo tapizar detrás de un radiador

1 Despliegue la tira entera y colóquela sobre la pared. Alísela desde el techo hacia la parte superior del radiador. Use una regla de madera para alisar ligeramente la tira por atrás del radiador. Marque el doblez del tapiz a lo largo del zoclo con la regla.

2 Jale el extremo inferior hacia arriba y por detrás del radiador. Corte el sobrante del tapiz en la línea del pliegue. Alise de nuevo el papel por detrás del radiador con la regla.

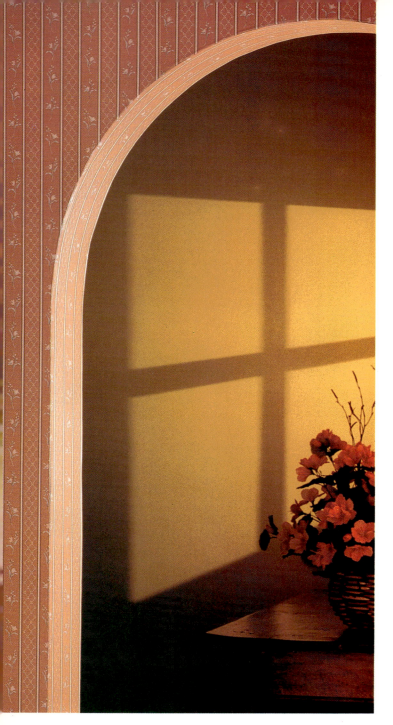

Cómo tapizar el interior de un arco

La superficie interior de un arco se recubre después de haber terminado las paredes. Haga cortes triangulares espaciados en el tapiz alrededor del arco, luego coloque una tira que empate, o bien, un ribete de tapiz alrededor de la superficie interior para cubrir los bordes recortados. En arcos curvos, haga una serie de cortes pequeños en las tiras de tapiz de la pared para que el tapiz se asiente sin plegarse. Use adhesivo de vinilo sobre vinilo para colocar la tira del arco.

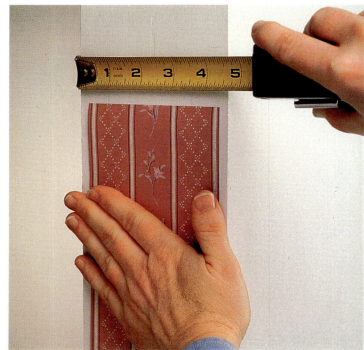

1 Existen en el mercado algunos tapices con ribetes que hacen juego, que se pueden usar para cubrir la parte interior de un arco. Si no, mida la parte interior del arco y corte una tira del tapiz que esté usando. La tira debe ser 6 mm (1/4'') más angosta que la superficie interior del arco.

4 Haga pequeños cortes al tapiz a lo largo de la parte curva del arco, cortando tan cerca como sea posible al borde.

2 Coloque el tapiz por ambos lados del arco, con las tiras traslapando la abertura del arco. Alise las tiras y corte el sobrante en el techo y el zoclo.

3 Corte con tijeras el sobrante del tapiz, dejando una ceja de 2.5 cm (1'').

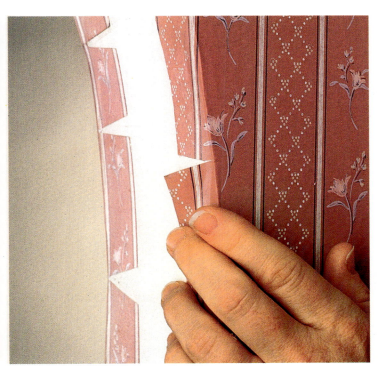

5 Haga cortes en forma de cuña hacia adentro del arco y aplane. Si el cuarto adyecente se va a tapizar, corte el tapiz alrededor del borde del arco por ambos lados.

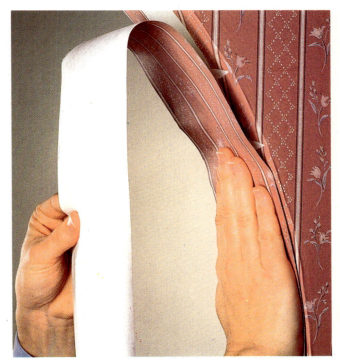

6 Aplique una capa de pegamento de vinilo sobre vinilo en el revés de la tira para el arco. Coloque la tira a lo largo del interior del arco dejando un espacio de 3 mm (1/8'') en cada borde de la tira. Alise la tira con cepillo alisador. Límpiela con una esponja húmeda.

Tapicería de placas protectoras de interruptores y contactos eléctricos

Como toque final, recubra las placas protectoras de interruptores y contactos eléctricos con papel tapiz que coincida con el diseño. Para placas de plástico, use un adhesivo de vinilo sobre vinilo.

Si tapiza las placas protectoras en baños y recámaras para huéspedes, es conveniente instalar palancas luminosas para que los huéspedes las localicen.

Sugerencia: Para que los interruptores y los contactos se integren por completo con las paredes, pinte con pintura del mismo color que los tapices las palancas, las cubiertas y las cabezas de los tornillos de los interruptores y contactos.

Una manera fácil de disimular contactos e interruptores eléctricos es comprarles nuevas placas protectoras de plástico transparente. Corte el tapiz para forrar las placas y recorte las aberturas para las palancas de los interruptores y las entradas de los enchufes.

Cómo tapizar placas protectoras de interruptores y contactos eléctricos

1 Quite la placa protectora y reinserte los tornillos. De sobrantes de tapiz corte un pedazo procurando que el dibujo case con el rededor del contacto o interruptor. Sujete el pedazo de tapiz sobre el contacto o interruptor con cinta adhesiva para cubrir, hasta que el dibujo case con el de la pared.

2 Frote la superficie del tapiz para repujar el contorno de los tornillos del contacto o interruptor. Quite el tapiz y marque por el revés los puntos de referencia del repujado con lápiz.

3 Coloque la placa protectora boca abajo sobre el pedazo de tapiz de manera que las líneas marcadas coincidan con los agujeros de la placa. Marque las esquinas de la placa sobre el pedazo de tapiz.

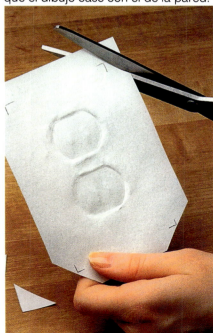

4 Corte el pedazo de tapiz 1.5 cm (¹/₂'') más ancho que la placa protectora por todos lados. Recorte las esquinas del tapiz justo hasta las marcas de las esquinas exteriores.

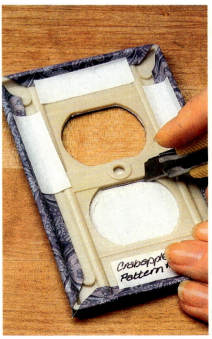

5 Aplique adhesivo de vinilo sobre vinilo a la placa y al pedazo de tapiz. Sostenga la placa contra el tapiz. Alise para eliminar las burbujas. Doble la ceja por atrás de la placa y péguela con cinta adhesiva para cubrir.

6 Use navaja para cortar las aberturas de la placa protectora. Pegue las especificaciones del dibujo del tapiz en la parte de atrás de la placa, para referencia futura.

Colocación de ribetes de tapiz

Los ribetes de tapiz dan un toque elegante a cualquier pared pintada o tapizada. Coloque un ribete o cenefa como moldura alrededor de un techo, o como marco alrededor de ventanas, puertas o chimeneas.

Utilice un ribete a lo largo de la parte superior de frisos, o como friso inferior en paredes pintadas, lo cual es muy atractivo. Incluso puede usar un ribete de tapiz para enmarcar una pieza artística favorita. Muchos diseños de tapices tienen rebordes o ribetes complementarios que se venden por metro lineal. O bien, usted puede crear su propio ribete cortando tiras angostas de las tiras del tapiz.

Cómo colocar ribetes

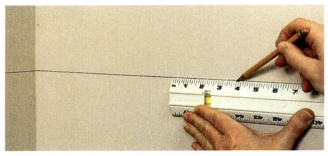

1 Planee el punto de inicio de modo que la unión que no empate quede en un área poco visible. Para colocar ribetes como un friso inferior, use un nivel y trace con lápiz una línea suave alrededor del cuarto a la altura deseada.

2 Corte y prepare la primera tira. Empiece en una esquina y traslape el extremo sobre la pared adyacente 6 mm (1/4''). Necesitará que le ayuden a sujetar el ribete plegado mientras usted la coloca y la alisa.

3 Para las uniones que queden en medio de las paredes, traslape el borde de las tiras para que case. Corte de modo que la navaja atraviese las dos capas. Desprenda de nuevo el ribete y quite la tira cortada. Aplane el ribete.

4 Para cortar por dentro y que el ribete quede a tope con el tapiz, traslape el ribete con el tapiz, luego con una regla y una navaja corte el tapiz de abajo a lo largo y en la orilla del ribete. Separe la parte de arriba del ribete y quite el tapiz recortado. Aplane el ribete.

Cómo cortar ingletes en las esquinas de los ribetes

1 Aplique las tiras de ribete hasta sobrepasar las esquinas con un traslape más grande que el ancho del ribete. Coloque tiras de ribete verticales a lo largo de los costados del marco, traslapando las tiras inferior y superior.

2 Revise la posición de la tira para asegurarse que los dibujos permanezcan intactos con los cortes diagonales. Quite y ajuste las tiras si es necesario.

3 Sujetando la regla a 45° sobre la esquina del marco, corte ambas capas con una navaja. Desprenda los extremos y quite las piezas cortadas.

4 Acomode de nuevo el ribete en su lugar y presiónelo. Déjelo reposar por 1/2 hora, luego pase suavemente el rodillo empatador por las uniones y limpie el ribete con una esponja húmeda.

Toques de acabado

Cómo reparar una burbuja

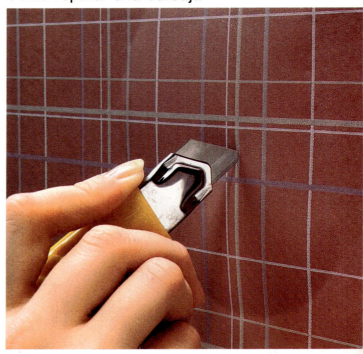

1 Haga un pequeño corte a través de la burbuja usando una navaja afilada. Si el tapiz tiene algún dibujo, corte por una línea para ocultar el corte.

Al terminar de tapizar una habitación, revise los detalles finales mientras el trabajo está fresco aún. Revise especialmente las uniones entre tiras: si estiró demasiado las juntas o pasó el rodillo antes de que se secara el adhesivo, es probable que haya comprimido demasiado el adhesivo bajo los bordes del tapiz. Estos bordes se verán tensos mientras están húmedos, pero formarán burbujas cuando se sequen. Ponga de nuevo pegamento en las uniones, como se ilustra.

Cómo reparar una unión

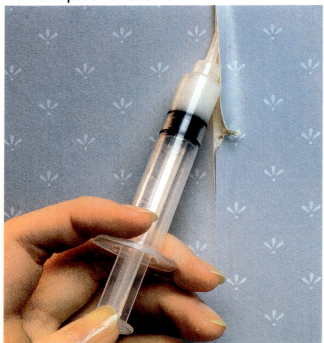

Levante el borde del tapiz e inserte la punta de un aplicador de pegamento abajo de él. Inyecte el adhesivo en la pared y presione suavemente la unión hasta aplanarla. Deje reposar la reparación por media hora, luego alise ligeramente la unión con un rodillo. Frote ligeramente la unión con una esponja húmeda.

Cómo parchar un tapiz de pared

1 Coloque un pedazo del tapiz casando el dibujo sobre la parte dañada y sujételo con cinta adhesiva para cubrir cuando coincidan los dibujos.

2 Inserte la punta del aplicador de pegamento a través del corte y aplique el adhesivo distribuyéndolo en la pared bajo el tapiz.

3 Presione suavemente el tapiz para adherirlo. Use una esponja húmeda limpia para alisar la pestaña del tapiz y limpiar el exceso de pegamento.

2 Sujete la navaja a un ángulo de 90° respecto a la pared, corte a través de las dos capas de tapiz. Si el tapiz tiene dibujo a líneas gruesas, corte por las líneas para ocultar las uniones.

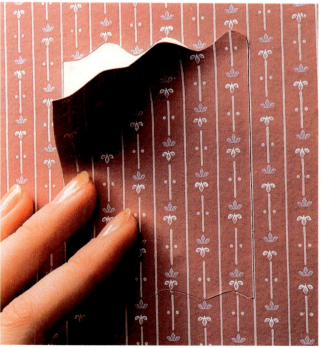

3 Quite el sobrante y el parche, luego desprenda el tapiz dañado. Aplique adhesivo por el revés del parche y colóquelo en el agujero de tal modo que el dibujo coincida. Limpie el área parchada con una esponja húmeda.

ÍNDICE